「器が小さい人」をやめる50の行動

脳科学が教えるベストな感情コントロール法

西多昌規

草思社文庫

はじめに――あなたの「器」は脳のキャパシティで決まる

人間の「器」は、生まれたときから定まっているものなのでしょうか。DNAや生まれた環境、あるいは人生経験、知り合った人の数で決まってしまうのでしょうか。そうではなく、日々の努力で「器」は医学的にも科学的にも大きくできる。それがこの本で主張したいことです。

「器」の定義とは、「器量」を略して表現したものに近いと思います。器量が大きいとは、知識や経験が豊かであるだけでは充分とはいえません。知・情・意すべてに秀でた人格を持った、包容力があって長期的な視野があり、リスペクトされる人のことといえるでしょう。

逆に「器が小さい」行動とは、どういうものでしょうか。ちょっとしたことでイライラしていたり、目先のことで一喜一憂したり、他人の出世をひがんだり。なにより「器の小さい」人間こそが、「器が小さい」と陰口を言われることを嫌う傾向があるようです。

わたしは精神科医として、多くの患者の治療に当たってきました。現在も、治療の最前線に立っています。

最近感じることは、患者さんに限らず、職場や電車内など公衆の中でも、感情をうまくコントロールできない人が増えてきているということです。職場でキレてしまった、家族を殴ってしまった、街でちょっと肩が触れただけで口論になったなど、一触即発になっている余裕のない人が、予想外に多いのです。脳科学的に見ると、これは脳の処理能力が極端に落ちている状態です。通常、人は脳の処理能力が落ちてくると、あれこれ同時に起こることに対処できなくなります。さらに思い通りにならないことで感情が暴発し、キレたり、イライラしたりしてしまうのです。

いわば、人の「器」とは脳のキャパシティで決まるのです。

ですから、脳の処理能力と、感情の処理能力を高めることで、いくらでも「器」を広げることができると、わたしは思うのです。「器」は、ちゃんとした知識と努力で、小さくなることを防げるのです。

わたくしなりの精神科医としての現場経験と、脳科学、睡眠科学から得た知識、医学部で身につけた、医師の卵を「育てる」ノウハウをハイブリッドにしてまとめたのが、本書です。

成功した人の経験談や偉人の自伝をいくら読んでも効果がなかった人でも、脳科学、精神医学、心理学の正しい知識を身につけて、日常生活で実践していけば、短いスパンでは難しくても、長い目で見れば確実に器が大きくなっていきます。

本書は七つのステップから構成されており、忙しい人でも日常の生活習慣に落とし込んで、効率よく脳の処理能力を上げながら「器」を大きくできるよう、組み立てていきます。現在すでに大勢の部下を持っている人や、これから人の上に立とうとしている二十代の若い方はもちろんのこと、将来起業家を志している学生さん、わが子を大物にしたいと思っているご両親、さらには、能力的にも人格的にもいつまでも若々しくありたいと願うシニアの方まで、幅広い読者の方々に楽しんで読んでいただけるよう考慮したつもりです。

本書で紹介する五十の項目を心掛けて実践していくことで、心にも体にも余裕が生まれます。面と向かって「器が大きい」とは言われないかもしれませんが、まわりからひそかに尊敬される人物になる……可能性が、読まないよりもウンと高くなるでしょう。

目次

STEP 2

脳の処理能力がアップする環境をつくろう

STEP 3 脳の可塑性を使って「器」を大きくする

STEP 4 客観力を鍛えて、小さいことにこだわらない脳をつくる

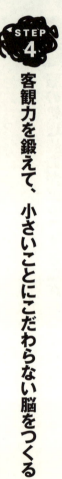

STEP 5 それでも「いっぱいいっぱい」になったときの応急処置

STEP 6 睡眠中に脳内にたまった感情をリセットする

STEP 7

自分をコントロールして対人関係にも強くなる

装丁　石間淳
本文デザイン　ヤマシタツトム
イラスト　佐々木一澄

STEP 1

自分の「器」の大きさを知る

1 余裕がなさすぎる人は脳の使い過ぎに注意

平時なら問題なくこなせる仕事でも、締め切りが迫っていたり、急に別の仕事をふられたり、予測不能なことがいろいろと重なっていっぱいいっぱいになってしまった。誰しもこういう経験は、身に覚えがあるのではないでしょうか。

とくに、現代は便利な通信機器のおかげで、仕事でもプライベートでも、つねに瞬時の対応が求められることが多くなり、ますます気の休まる時間は少なくなってきています。

脳は長期間、過度の緊張状態に置かれると、オーバーワークで働きが鈍くなってしまいます。この状態を続けると、知らず知らずのうちに脳の処理能力が低下し、キレやすくなったり、感情のコントロールができずに周囲にあたり散らしてしまうことも起こりやすくなるのです。

とりわけ現在は、ムカついたり、怒りたくなる機会が本当に多い時代です。キレるのは若者だけでなく、いい歳《とし》をした大人も、キレて暴力事件を起こすことも、ニュースでしばしば耳にします。実際に、電車やお店などで文句や苦情を言っている人を見かけたことはないでしょうか？　もし、自分がいっぱいいっぱいを通り越して、キレそうな怒りを感じたとき、その怒りについてちょっと考えてみてください。

自分でもいつなにをしでかすかわからない「衝動性」があって、誰が見ても怒っているのは「あからさま」であって、自分でも「コントロール不能」に陥《おちい》っている。三つの特徴のうち一つでもあれば、危険なサインです。自分をどうすることもできなかったことがよく起こるという人は、「器が小さい」可能性が高いのです。やっかいなことに「器の小ささ」は自分ではなかなか気づきません。まわりから見れば、一目瞭然《いちもくりょうぜん》、という場合でも、ご本人には自覚がないのです。

では、そもそも怒りとは、どういうものか、もう少し考えてみましょう。

怒りには、大きく分けると二種類あります。一つ目は、敵意を持って感情的になって相手にぶつかっていく、攻撃的な怒りです。二つ目は、他人の攻撃から自分を防衛するとき、あるいは格闘技などスポーツでの攻め守りのような、いわばルールの定まった受動的な怒りです。

現実社会で問題になるのは、前者の怒りです。

敵意に満ちた攻撃的な怒りは、前述した、三つの特徴を持っています。「衝動性」「あからさま」「コントロール不能」です。

「器の大きい人」といえども、怒りの感情をまったく持たないことはないでしょう。でも、たとえ持ったとしても、怒りの性質は今挙げた三つの特徴の逆です。

器の大きい人の怒りは、「計画された」「内に秘めた」「コントロール可能」な怒りです。ですから、怒りにまかせて職場の雰囲気を壊したり、社員を萎縮《いしゅく》させることはありません。だから、組織が大きくなれるのです。

人間に比べて動物の怒りは、本質的です。彼らは、子孫を残すために、雄同士が争うことがほとんどです。彼らの争いに伴う怒りは、合目的なものであって、けっして「キレて」いるわけではありません。

もし、キレそうな怒りを持ったときは、怒りを「計画された」「内に秘めた」「コントロール可能」なものに変える必要があります。科学的な根拠はあとの項目に譲って、現実的な対応策を示しておきましょう。

まず、一呼吸、とくに吐く時間を長めに取って、気分を落ち着かせましょう。吐く呼吸は、心身の興奮を和らげる副交感神経の働きを高めます。そして、自分の本来の目標としているものはなにかを考え直すのです。自分のゴールを再確認するという心理作業です。

本来の自分の目標に立ち返るという意味で有名な寓話に、「韓信《かんしん》の股《また》くぐり」というお話があります。韓信は、中国秦《しん》末から前漢初期にかけての名将で、漢の高祖の三傑の一人です。韓信は若い頃は無頼漢《ぶらいかん》で、立派な体格と身分不相応な剣を持っているわりにうだつが上がらず街をゴロついていました。そこで街の少年に「本当は臆病者《おくびょうもの》なんだろ。その剣で俺《おれ》を刺してみろ。できないならば俺の股をくぐれ」と挑発されます。

しかし、韓信はキレるどころか、黙って少年の股をくぐったのです。周囲の者は韓信を大いに嘲笑《ちょうしょう》しました。バカにされた韓信でしたが、その行動は「恥《はじ》は一時、志は一生。ここでこいつを斬《き》り殺してもなんの得もない」という、冷静な判断に基づいていたのです。

器が大きくなっていくと、一時的な怒りに翻弄《ほんろう》されることは少なくなっていきます。冷静に考え、自分にとっていちばん重要なものはなにかを、考えられるようになるのです。再確認すれば、股くぐりのような屈辱的《くつじょくてき》な行為まではいかなくても、「キレる」悲劇を防ぐことはできるはずです。ぜひ本書で紹介するさまざまな方法を実践して、器を広げていっていただきたいと思います。

2 優先順位をつけてワーキングメモリを管理する

脳の前頭葉の代表的な機能に「ワーキングメモリ」があります。これは人間にとってなくてはならない記憶のモデルです。前頭葉は、人間にしかないような高次機能、たとえば倫理観、判断力、気分などに関して脳神経系として重要な役割を果たしています。

ワーキングメモリとは、「ちょっとの間だけ覚えておく」記憶のことを意味します。海馬などが司《つかさど》る短期記憶と同じではないかと思われるかもしれませんが、異なる点があります。それは情報を保持しながら、ほかの情報処理を行うという点です。ワーキングメモリは、同時にいくつもの情報処理を行うときに機能します。

なにかをしながら、別のことを考えたり実行する、これがワーキングメモリの概念です。ワーキングメモリをモデル化した学者の一人に、イギリス・ヨーク大学のアラン・バッドリー教授がいます。教授がワーキングメモリのモデルを思いついたのは、イギリス人らしくラグビーがきっかけだったようです。車を運転しながらラグビーの実況放送を聞いていたのですが、ラグビー中継に熱中するあまり車を運転するのがとても難しかった。この経験から、ワーキングメモリの概念を思いついたそうです。

ワーキングメモリの低下はなにを意味するのでしょうか。短期記憶の容量が低下するのではなく、注意の制御ができなくなるのです。注意力散漫で、あれこれやっても頭に入ってこないというときには、ワーキングメモリが低下しています。

たとえば、うつ病の患者さんは、記憶力が悪くなった、集中力がなくなった、としばしばこぼします。「先生、さっきなにを話されました？」「物忘れが多くて、ボケてきちゃったんでしょうか？」という嘆きは、わたしが診察している現場でもしばしば聞かれます。これは、ボケて海馬が萎縮してきたわけではなく、ワーキングメモリの一時的な低下によるものです。

また、理由もなくイライラして怒りっぽい人も、ワーキングメモリが低下している状態だと推定されます。

アメリカ・フィラデルフィア大学のグループが「アメリカ科学アカデミー紀要」に発表した論文では、二十四人の「爆発性障害」と呼ばれる、衝動性がまったくコントロールできない精神障害の患者のワーキングメモリを、健常者と比較しました。それによると、いくつかの検査でも、「爆発性障害」の患者は、ワーキングメモリが著しく低下していました。

現実社会でも、通常の仕事に加えて突然の電話、顧客への対応、宴会の準備、子どもへのプレゼント……同時にあれこれやらなければいけない、考えなければならないことがたくさんあります。こういういっぱいいっぱいの状態のときは、ワーキングメモリが低下しやすくなります。ですから、普段からワーキングメモリが低下していないか、注意が必要です。

もし、いっぱいいっぱいの状態にさらに負荷を課されると、前頭葉が悲鳴を上げて感情的な爆発に至ります。あなたは「ワーキングメモリ低下人間」になっていないでしょうか？

ワーキングメモリを増加させる方法に「ワーキングメモリ・トレーニング」というものがあります。この科学的根拠は、いくつかの研究に基づいています。代表的なものは、スウェーデン・カロリンスカ大学小児科のグループが「ネイチャー・ニューロサイエンス」に発表した論文です。ワーキングメモリ・トレーニング後に、ワーキングメモリに関連する脳の活動が前頭葉皮質で増加していることが、機能的ＭＲＩによって示されたのです。

ワーキングメモリ・トレーニングは、脳トレのゲーム・ソフトに含まれる問題と似て

「ワーキングメモリ低下人間」になっていませんか？

一度にあれこれやり過ぎると
テンパりやすくなる

最初に優先順位を考え、
計画的に進めると、
余裕が生まれる

います。いちばんわかりやすい例は、トランプの「神経衰弱」です。覚えることと考えることとを同時にこなしていかないといけません。つまり、毎日脳トレに励むことが、ワーキングメモリを増加させる一因になるという研究結果もあるのですが、一方で脳トレには「まったく効果がない」という批判があることも事実です。

現実的なワーキングメモリ管理策としては、当たり前のように思われるかもしれませんが、一度にあれこれやり過ぎないことが大切です。習い事をいくつもやらせている親は、子どもの才能の芽をつんでしまう可能性もあるのです。優先順位をつけて後回しにできるものは保留する、メモに書き出して一時的に忘れても大丈夫にする。紙のメモでもいいですし、パソコンや携帯電話などをメモがわりに使うのもいい方法です。

さらにいえば、充分な睡眠は、ワーキングメモリを増加させます。国立精神・神経医療研究センター精神保健研究所の栗山健一室長の研究でも、睡眠をきちんととったあとの人のワーキングメモリのほうが、長時間起きて疲れている状態の人のワーキングメモリよりすぐれていました。

わたしの個人的な意見としては、脳トレにせっせと励むよりは、文房具やモバイル機器による仕事環境の効率化、そして充分な睡眠が、ワーキングメモリにはいいように考えます。

脳トレに必死な人よりも、仕事環境の工夫を考えている人のほうが、「器が大きく」見えませんか？

3 感情のコントロールには「反省」が効く

人間誰しも、不本意ながら怒りをあらわにしてしまったことがあると思います。怒ってしまったあとに、どういう気持ちになるのでしょうか。「思い切り怒ってスッキリしました」という人は、少数派だと信じたいです。

ほとんどの人は、バツの悪さというか、「しまった。怒り過ぎちゃった」「オレって、小さい男だなあ……」と、興奮して早くなった脈拍も正常に戻るか戻らないかのうちに後悔してしまう場合が多いと思います。

患者さんでも、状態のよくないときには、憤怒《ふんど》、興奮を生じる場合が少なくありません。一般的に静かでおとなしいと思われているうつ病の患者さんでも、イライラを通り越して怒りに変わってしまうこともあります。

精神科の世界では、「易怒性《いどせい》」「易刺激性《いしげきせい》」という用語をよく使います。字の通りで、「怒り易《やす》い」「刺激され易い」という意味です。腫《は》れ物《もの》に触る、というたとえがぴったりです。わたしも現場でたまにですが、易怒性に直面して、患者さんに激しく怒られることもあります。

こういった患者さんでも、状態が改善して落ち着いてくると、「あのときはすみませんでした」「あのときは、なんだかおかしかったんです」と、反省したり謝罪したりします。患者さんが謝ってきたときには、「全然気にしていません、そういうこともありますよ」と、明るく返すようにしています。

怒りが過ぎたあとには、ネガティヴな感情に襲われることは、容易に想像がつきます。相手を傷つけてしまった後悔の念、自分をコントロールできなかったことに対する自己嫌悪に陥ることは、珍しくないのです。

でも、それでいいのです。「怒ってスッキリした」と開き直ってしまってなんの反省もないのが、いちばん困りものなのです。

怒りのあまり少し落ち込む、反省するという心理作業は、怒りに対する抵抗力をつけていくためには必要な過程だと思うのです。

怒ってしまった、あるいは怒りを感じている自分を受け入れてみてください。

開き直るのではなく、「ああ、怒ってしまったな」と、反省を込めて許容するのです。

怒りを感じない人間はいないですし、怒りの発信源となる脳部位（扁桃体）を切除してなくしてしまうわけにもいかないのです。

怒りに対する抑制、反省の機能は、脳の前頭連合野にあると考えられています。

アメリカ・ウィスコンシン大学のリチャード・J・デヴィッドソン教授は、攻撃性や怒りと脳機能について、最先端の研究を行っています。彼のグループの研究では、怒りをコントロールするのに優れている人の脳波を測定すると、左脳の活動性が高いという結果を報告しています。

デヴィッドソン教授は、人間の感情処理を単純に左右の脳で分類することはしていません。前頭前野と扁桃体とを組み合わせたモデルを、提唱しています（ビジネス書等でよく見られる左脳・右脳理論は、ノーベル生理学・医学賞を受賞したロジャー・W・スペリーの学説に基づいていますが、いささか乱暴であって一人歩きをしている嫌いがありますので、注意が必要です）。

難しいことかもしれませんが、自分の怒りを受け入れて反省することは、左側優位の前頭葉の機能を高め、扁桃体をコントロールするメカニズムの獲得に貢献しているのではないかと思います。反省によって前頭葉が鍛えられ、怒りをコントロールできるようになるのです。

怒ってしまっても、そのあと、いい経験となるように有機的に脳の中に組み込んでいければいいのではないでしょうか。そうした経験を積むことで、脳のキャパシティはだんだんと広がっていくと思います。

4 キレにくい脳をつくる「逆転学習」

人間の怒りの脳内処理メカニズムは、謎《なぞ》が多い分野です。しかし、いくつかの研究から科学的な研究結果も発表されており、その中には日常生活に応用できるものもあります。

鍵は、記憶です。みなさんは自分が怒ってしまったときの場面の記憶はあるでしょうか？　全部覚えている人はいないと思いますが、怒る状況はある程度パターンが決まっていることが多いのです。

部下の失敗を叱るとき、公共の場で社会秩序を乱している人を見たとき、言うことを聞かない子どもをなんとかしないといけないときなどが、怒りを感じるパターンの例でしょう。余裕のあるときならばいいのですが、時間的に焦っていたり不機嫌だったりすると、怒りの噴出になってしまいます。それを避けるにはまず、自分がどういうときにいっぱいいっぱいになってしまうのか、キレやすくなってしまうのかをパターンとして認識することが重要です。

どういう状況で自分が爆発して、怒りに負けてしまったかを記憶することは、意味のあることです。こうした記憶は、単語や知識を暗記する記憶とは違うので、「エピソード記憶」とも呼ばれます。このエピソード記憶は、短期記憶の貯蔵庫である海馬から、時間をかけて前頭葉に記憶した内容が移動して作られると考えられています。海馬が萎縮していくアルツハイマー型認知症の患者さんが、最近のことはすぐに忘れても若い頃の様子や出来事を覚えているのは、エピソード記憶を司る前頭葉の機能が保たれているからです。

エピソード記憶は、「経験」といい換えてもいいでしょう。年を取ると人間が丸くなるといいますが、エピソード記憶の積み重ねから脳が学習して、結果的に円熟した人格が形成されるということだと思います。過去の痛い失敗から学習するということは、高次な脳機能を持つ人間が多くの動物の中でもいちばん長《た》けているはずです。

しかし、残念ながら怒りで失敗してしまう人は、後を絶ちません。これは、記憶力や理解力が悪いのではありません。重要な怒り処理メカニズムである前頭葉の問題です。

本書では前頭葉という用語がしょっちゅう出てきます。前頭葉は、眼窩《がんか》前頭皮質、背外側前頭前野、帯状回《たいじょうかい》などの部位に分類されます。どの部位も、怒りの処理には重要であることがわかっています。

実験心理学で、逆転学習というものがあります。逆転学習の実験では、実験参加者にAとBの二つの写真を提示します。写真Aが示されたときにボタンを押すと報酬を得ることができ、写真Bが示されているときにボタンを押すと逆に罰が与えられることを学習させます。学習したあとに、このルールを「逆転」させます。つまり、写真Bが示されているときにボタンを押せば報酬を得るように設定を変えます。

イギリス・オックスフォード大学のエドムンド・ロールズ教授らは、これを健康な人と脳損傷を受けた患者とで比較しました。健康な人は、ルールが逆転していることにすぐに気づきます。しかし、前頭葉の眼窩前頭皮質にダメージを負った患者は、罰を与えられても一度強化された逆転前のパターンに反応し続けてしまったのです。

いわば、逆転学習の概念は、過去の成功や失敗体験にこだわらず、状況の変化に対応する能力があるかどうかを示しています。逆転学習の能力をつけていけば、想定外の変化に動じることなく、キレにくく、忍耐強くなっていくのです。

その結果、経験を積んで人格が丸く、大きくなっていくように見えるのです。

「逆転学習」力を鍛えよう！

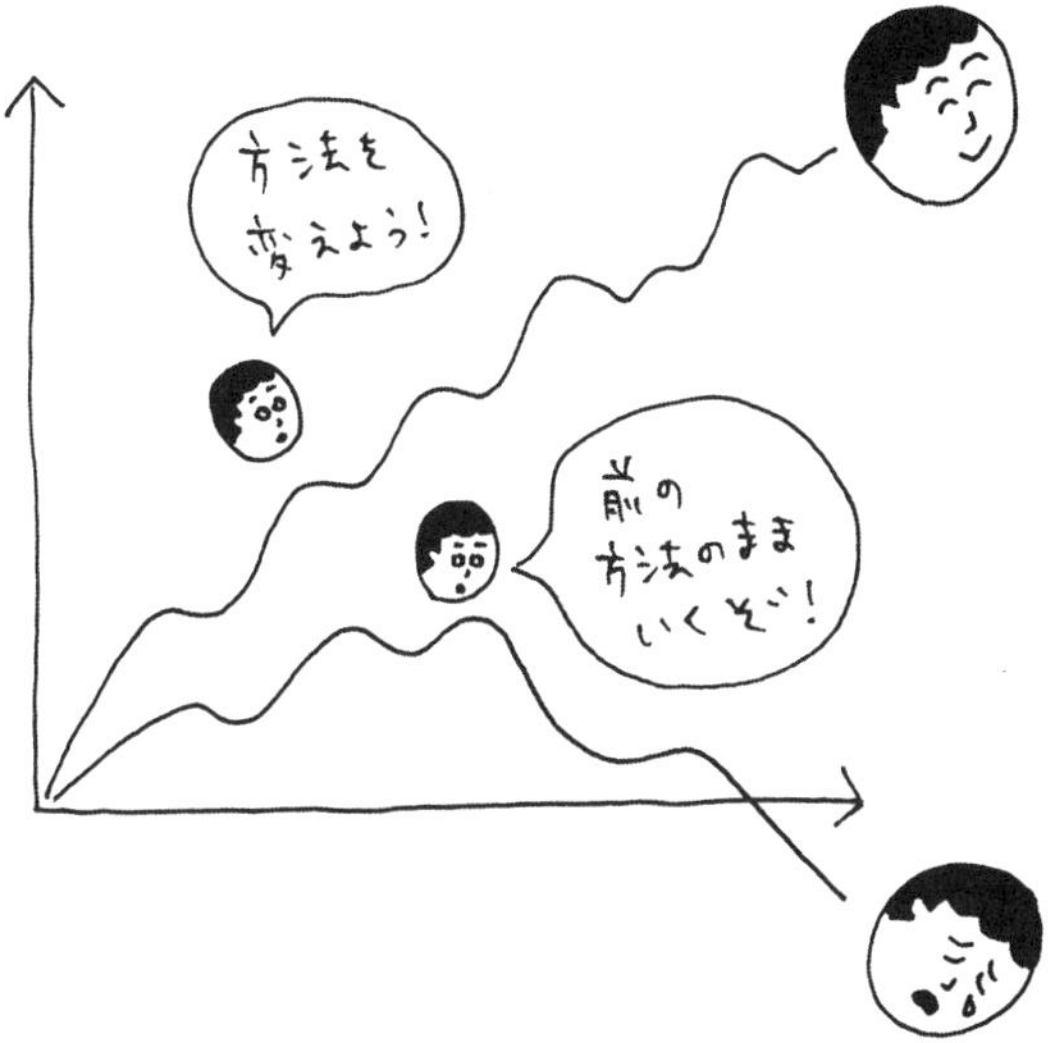

過去の成功体験にこだわらない人のほうが
大きく伸びていく

5 行き詰まったときは、他人の脳で考えてみる

わたしはワイン好きなので、恐縮ですが、ワインの例で話をします。

なかなか予約の取れないレストランに行ったときを想像してみてください。食事も進み、日頃飲めないソムリエおすすめのワインも進んできました。ソムリエにワインの残りを確認すると、半分ぐらい残っているそうです。

こう言われて、どう思うでしょうか。「もう半分飲んじゃったのか……」と、気分は当然、少しだけでしょうが、沈んでしまいます。

この場合、「もう半分飲んでしまった」ではなく、「まだ半分もある！」と、見方を一八〇度変えることは、メンタル面を健康に保つ効果があるとされています。心理学用語では、見方の転換を「リフレーミング」と呼びます。

リフレーミングとは、直訳すれば「フレーム」を再構成することです。「フレーム」とは、この場合は認知の「枠組み」のことを意味します。

人間は、物事を意味づけて、自分なりの解釈をつけようとします。そのまま虚心坦懐《きよしんたんかい》に見ているわけではありません。したがって、偏見とまではいかないまでも、自分独自の解釈で物を見て考えているのです。

リフレーミングは、意味、内容、状況などいろいろなものが対象になります。ビジネスパーソンは、状況のリフレーミングを要する機会が多いのではないでしょうか。少子高齢化とグローバリズムの中で、社会的にも不安な風潮が漂っている時代です。一人ひとりが、厳しい状況の中で生活しています。しかし、見方を変えれば、重苦しい苦境こそが、自分の「器」を広げていくには大きなチャンスなのです。

心理学の知識は現実に応用できるものが多いのです。よくわたしが患者さんや研修医の先生に助言するのは、「他人の脳で考えてみろ」ということです。他人ならどういうふうに見て、考えるか、仮説を立ててみるのです。仮説を立てるという思考法は、研究だけでなくビジネスにおいてもとても重要だと思います。論理力、知識はもちろんですが、将来どうなるかという想像力も求められます。

仮説を立てるには、「他人の脳」で考えてみる想像力が必要です。どうしても自分だけで考えてしまうと、固定されたフレームの中に固まってしまいます。「他人の脳」で考える思考法は、人とのコミュニケーション、読書、社会経験を積み重ねることで、身についていくものです。

自閉症スペクトラム障害など発達障害の人は、他人の脳で考えることが苦手です。悪気はないのですが、自分のこだわりで周囲も機能するという固い「フレーム」で考えています。ですから、発達障害の人とのつきあいでは、リフレーミングはなかなか奏功《そうこう》しません。周囲がその人に合わせるように工夫するしかないともいわれています。

しかし、斬新《ざんしん》な発想やおもしろい仮説を考えたり、多様な価値観を受け入れ、柔軟な思考法を心掛けることは、自分のキャパシティを大きくするためには、必要な習慣です。「自分だけの価値観ではないか」「あの人ならばどう考えるか」と考える習慣をつけましょう。とくに、怒りや不安、落胆を感じたときは、能動的に「リフレーミング」を試みましょう。中身はすぐに変わらなくても、フレームをちょっと変えるだけで、気持ちが解き放たれることも少なくないのです。「器」のフレームも大きくなってくるはずです。

6 嫉妬心を感じたら、脳の「線条体」をイメージ

「幸福——他人の不幸を眺めることから生ずる快適な感覚」

この冷笑的な格言は、アメリカの短編作家、アンブローズ・ビアスによるものです。シニカルで、あまり気持ちのよい内容ではないですが、人間の心理を鋭く突いた言葉でもあります。

人間には、妬《ねた》みや嫉《そね》みといった感情がどうしてもつきまといます。同僚が自分よりも先に出世した、昔からの友達が事業に成功して羽振りがすごくいい、とびきりの美人と結婚したなど、他人の成功や幸福を知ったときには、どういう心境になるでしょうか？

「チッ、うまくやりやがったな」「オレにもチャンスはあったんだが、あいつは運に恵まれた」など、嫉妬《しっと》の感情がまったく湧いてこない人は、正直いないのではないでしょうか。素直に祝福できない自分の器の小ささに嫌気がさすこともあるでしょう。大人ならば、嫉妬心をあからさまにオープンにする人は、さすがに少ないと思います。一応は

「それはよかったね」などと、いっしょに喜ぶ態度を取るでしょう。

しかし、嫉妬心は完全に消えているのでしょうか。最近の実験では、嫉妬心が、しぶとく脳の中に存在していることが、わかってきています。

京都大学と放射線医学総合研究所の研究チームは、嫉妬心を煽《あお》るストーリーの映像を見せたときの人間の脳の状態を、機能的MRIを使って解析しました。

その映像のストーリーは、このようなものです。学校の成績や経済状況において平均的な主人公のほかに、三人の登場人物が存在するイメージを見てもらいます。

一人目は、被験者と同性で、進路や人生の目標や趣味が共通です。しかし、実験を受ける人より成績が優秀で、家には高級自動車があって、異性からもモテモテであるなど、すべての条件において「自分より上」です。いわば、「敵《かな》わないライバル」といったところでしょうか。二人目は、実験を受ける人と異性であり、人生の目標や趣味などライフスタイルがまったく異なります。勉強ができたり、異性にモテたりするのは、一人目と同じです。三人目は、実験を受ける人と異性で、人生の目標や趣味も全然違っているが、成績や持ち物、モテ度は同じくらい。

実験結果はどうだったかといえば、脳活動は、正直でした。

一人目の「敵わないライバル」に不幸が起きたときのイメージを見たときに、もっと

他人の不幸で脳の線条体は活性化する

も喜びの程度が大きくなったのです。さらに「敵わないライバル」に不幸が起こると、快楽や意思決定にも関わっている「線条体」という脳の部位が活性化することがわかったのです。つまり、他人の不幸を目撃すると「線条体」が活発になるのです。

自分のライバルの勝利に嫉妬するのはやむをえないにしても、ライバルの失敗で脳の快楽系が活発になっていることは、認めたくはないのですが、科学的事実でした。

では、この科学的事実を、現実の生活ではどう理解して、行動していけばいいのでしょうか。ライバルの失敗に喜ぶ自分を、嫌いにならないことが大事です。妬みや嫉みという感情は、固有の性格が引き起こしているのではないからです。人間なら誰しも、他人の不幸を喜んでしまう脳内メカニズムが存在するのですから。

したがって、こういうイヤな感情が浮かんでも、けっして自分の度量が狭いと苦にせず、受け入れるようにしたらいいのです。

安心してください。人間の脳には、相手を喜ばせると自分も快楽を得られるという、プラスのメカニズムもあります。お笑い芸人を目指す人がたくさんいるのも、人を楽しませることで自分が喜ぶという、報酬系の機能も脳には備わっているからでしょう。相手を笑わせたり、喜ばせたりしてみましょう。芸人のような話術はなくても、突然のプレゼントやちょっとおしゃれなところで友達と集まるなど、相手が喜ぶような経験をさせてあげるのです。

最後も、箴言《しんげん》で締めくくりましょう。

フランスのモラリスト、ラ・ブリュイエールの言葉です。

「最大の快楽とは、他人を楽しませることである」

7 身近な「大きい人」のマネからはじめよう

「自分の尊敬する人物と同じようになりたい」という願望は、誰しもあるはずです。心理学用語では、同一化といいます。防衛機制の一種なのですが、難解な精神分析の過程をかみくだいて簡単に説明してみましょう。

同一化とは、自分にとって重要な人のマネをし、同じように考え、感じ、行動することを通して、その対象を内在化する過程を意味します。内在化とは、自分の考えとして取り込むといえばいいでしょうか。

人間は、意図的に同一化しているわけではありません。エディプス・コンプレックスなどフロイト的な解釈をする精神分析の世界では、同一化の対象は親、とくに父親です。当然「親と同じことをするのなんてイヤだ」という反発もあるはずです。しかし、さまざまな紆余《うよ》曲折《きょくせつ》や屈折、葛藤《かっとう》をも「内在化」していったところで、親子鷹が誕生するものなのです。

親がマネする対象にならなくても、たいてい成功を収めている人は、「あの人のようになりたい」という具体的なモデルがあり、その人物に近づくべく努力を重ねている人が多いのではないでしょうか。

「部下に尊敬される上司になる」「社内で売上トップを目指す」でもいいのですが、現実味が乏しいと目標がボヤけてくる嫌いがあります。それよりは、なるべくならば自分の知っている人物を目標にしたほうが、モチベーションが上がります。ビジネス書を読んでスティーブ・ジョブズ氏や柳井正氏を目標にするよりも、身近な上司を目標にしたほうがモチベーションが上がるのです。

まだ根拠が不十分なのですが、神経科学的にはミラーニューロン理論が、同一化には関連が大きいとされています。

ミラーニューロンとは、高等動物の脳内で、自ら行動するときだけではなく、他者が行動するのを見ている状態においても、活動する神経細胞を意味します。他者の行動を見ても、あたかも自分が同じ行動を取っているかのような脳活動を示します。その様子があたかも「鏡」に似ているので、こう名づけられました。

ミラーニューロン理論を提唱したイタリア・パルマ大学のジャコモ・リッツォラッティ教授は、サルがエサをつかもうとする動きをするときの脳機能を研究し、運動機能を司る脳領域に「鏡」のような振る舞いをする神経細胞群を発見しました。サルの脳に直接電極を刺して、細胞の電位活動を調べたのです。

人間においては、ミラーニューロンが運動機能だけに存在するのか、感情や共感、社会性などの人間ならではの高次機能にまたがっているのかは、研究途上の段階です。なぜなら人間の脳神経細胞の興奮を針電極などを用いて直接調べることは、不可能だからです。

しかし、他人の言動や態度を直接見ることは、ミラーニューロンの関与がはっきりしなくても、学習や経験という点からは望ましいと思います。心理学的にも脳科学的にも、歴史上や架空の人物よりは、実際に目にする人物をロールモデルとするほうが、人格発達の面でも有利な点が多いのです。

身のまわりの器の大きい人のマネをするところから、人格改造をはじめてみてはいかがでしょうか。

STEP 2

脳の処理能力がアップする環境をつくろう

8 「ごほうび」をうまく使って脳をやる気にする

器の大きい人ほど、「ごほうび」の使い方が上手だったりします。

器が大きいといわれた歴史上の大人物は、ほうびの分配の達人だったようです。室町幕府を開いた足利尊氏は、財政が赤字になるぐらいに気前よく武将たちに恩賞を与えていたといいます。ジュリアス・シーザーも、他人に振る舞うことについてはスケールが大きかったと、塩野七生《しおのななみ》氏の『ローマ人の歴史』には記されています。

もちろん、自分自身で「このプロジェクトをやり遂げたら、旅行に出かけよう」「次の企画が成功したら、いいスーツでも買うか」と設定することも、自信やる気を高める効果はあります。自分にごほうびを与えるのも、人生を充実して暮らしていく上でのちょっとした工夫です。

わたしも、「論文を書いたらちょっといいものを食べに行こう」と、自分にごほうびを設定することはよくあります。

しかし、なんといっても、賞賛とまではいかないまでも、他人から認められることが、人間にとってはいちばんのごほうびになります。他人からほめられるということは、「認められたい」という自己承認欲求を満たすので、脳が喜ぶのです。

もう少し具体的に説明しましょう。人間の脳には、報酬系というシステムがあります。なにかをやり遂げて報酬が得られることがわかると、腹側被蓋野《ふくそくひがいや》と側坐核《そくざかく》という脳の部分が活発になります。活発になる物質は、なんといってもドーパミンです。ドーパミンは働きが強すぎると幻覚が出現してしまうという神経伝達物質なのですが、意欲や喜びという精神活動にも大きく影響していると考えられています。報酬系が強く働くと、「うれしい！　またやってみよう」という、プラスのサイクルに入るのです。

もし、あなたが上司だったら、この報酬系をうまく使えばいいのです。

部下のダメなところばかり注意していては、萎縮《いしゅく》させてしまいます。ドーパミンの働きが落ちてしまい、シュンとしてしまうのです。相手をリスペクトせずに一方的に注意することは、「認められたい」という自己承認欲求を完全に否定してしまうことになります。場合によっては、萎縮どころか、反感や敵意を持たれてしまうことだってあります。

「強みの上に築け」という名言を残したP・F・ドラッカーではないですが、子どもや部下を「ほめる」教育の重要性が叫ばれています。長所をほめて長所をさらに伸ばしていくことは、教育の上で知っておくべきことです。たとえ苦手分野に挑んで結果的に失敗しても、そのチャレンジ精神を高く評価することは、次への飛躍につながります。

医学生や研修医を教えるとき、大切なのは「PNP」だといわれています。Positive Negative Positive、つまりまずはほめて、次に直したらいい点を指摘して、それを直せばもっと向上できる、というふうに、指導するのです。一方で、ほめてばかりでは、教官に対する医学生の評価も低くなることが、本学のフィードバック調査からもわかっています。

部下からすれば、自分をリスペクトしてくれて、改善点を明るく、しかし的確に指摘してくれる上司は、「器が大きい人」に見えるでしょう。

まずは、言葉のごほうびで相手の脳の報酬系のスイッチを入れてみましょう。自分だけでなく、相手の報酬系もうまく機能させることができるか。そこまで考えられるかどうかが、器の大きい人か小さい人かの分かれ目になってくるといえるでしょう。

脳は「ごほうび」が大好き！

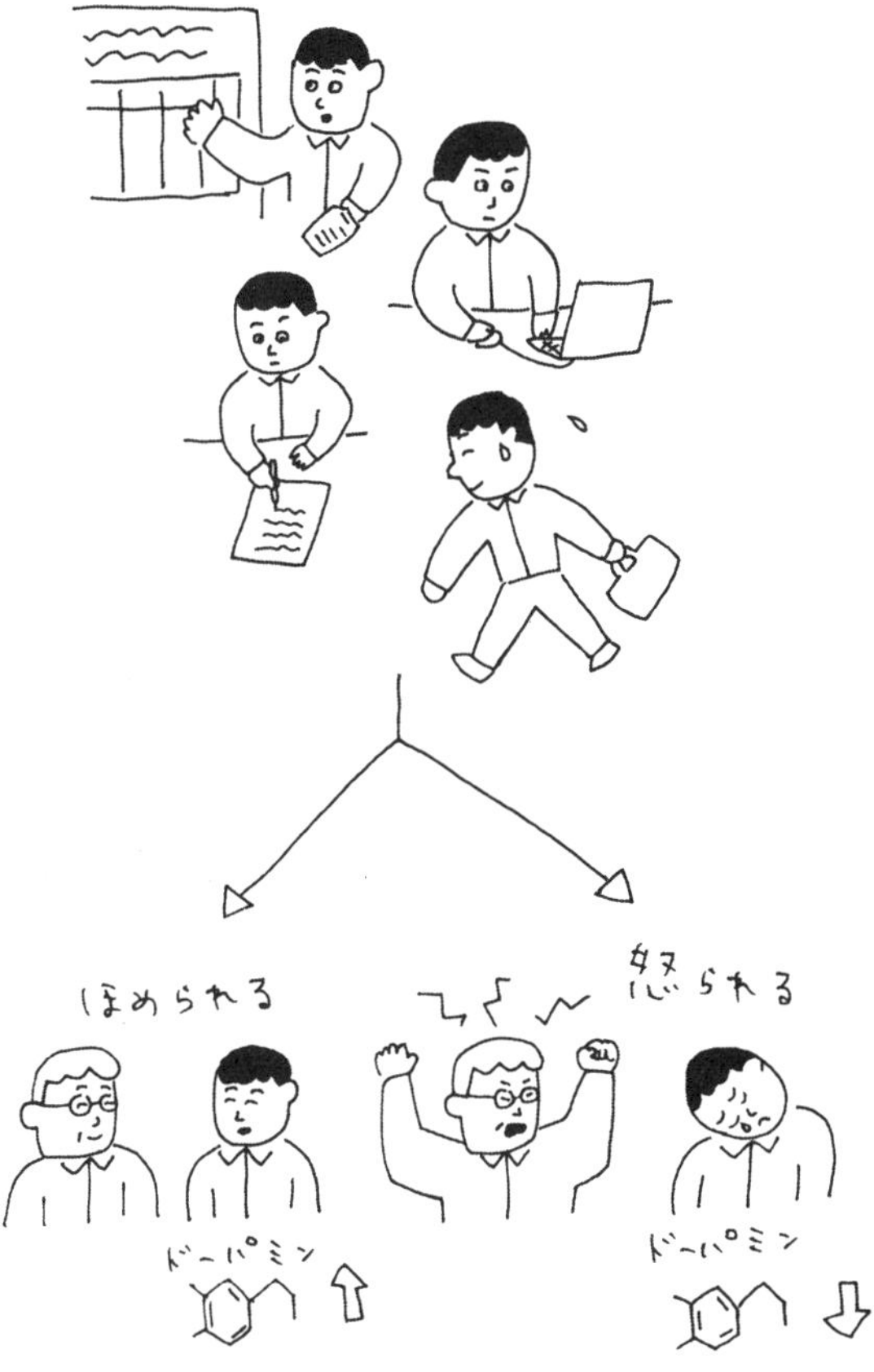

9 イヤなことをダラダラやり続けない

イヤなことをダラダラやることほど、脳に悪い作業はありません。イヤなことでもやる意義が見つかればいいのですが、なんとなくやらされていると思うならば最悪です。

対策は二通り考えられます。イヤなことは集中してさっさと終わらせるか、イヤなことから「やりがいがあること」へと意識を変えるようにするしかありません。

報酬系というドーパミンが働くシステムが脳にあることは、前項で説明しました。退屈でつまらない単純な基本作業でも、結果が伴うにしたがって、その重要性に気づくことは、現実でもよくあることです。野球の素振りやサッカーのリフティング、勉強でいうと英単語や基本構文の暗記に該当します。

上達し、一流になるためには、退屈な基本動作、すなわち「イヤなこと」の反復は必要不可欠です。ですから、教える側は、「イヤなこと」が意味のあることだと教えられる側が自ら悟るように誘導しないといけません。

「自分も若い頃はこういう経験をしたから、お前らもするのは当たり前だ」と不機嫌そうに説教しても、彼らの脳の報酬系はピクリともしません。むしろ別の価値観を強要されるので、不愉快な「嫌悪刺激」が強くなってきます（そうするとイヤな記憶ばかりが脳に刻まれてしまい、ますます嫌気がさしてきます）。

では、「イヤなこと」をやらなければならないときは、どうすればいいでしょうか。

まず具体的な目標を設定することです。具体的な目標でいちばんわかりやすいのは、時間です。時間を区切って、ダラダラしないようにするのです。

この締め切り効果ともいえる「タイム・プレッシャー」も、脳機能を背景としています。時間という具体的な数値が出てくるので、目標が理解しやすくなります。「なるべく早く」「できるまでやる」では、到達目標がボヤけてしまいます。時間が迫れば、プレッシャーがおそってきます。人間には基本的に負けたくないという本能がありますので、なんとか決めた目標内に済ませようと踏ん張ります。

わたしはこの「タイム・プレッシャー」は、注意力に関係するノルアドレナリンという物質が関係していると考えています。ノルアドレナリンは脳の青斑核《せいはんかく》というところから生産され、興奮すると動悸《どうき》がするアドレナリンの元となる物質でもあります。ノルアドレナリンも注意や意識、緊張したときに活発になります。

うつ病の治療薬でも、ノルアドレナリンの働きを活性化するタイプのものがあります。主に意欲や集中力に問題のあるうつ病の患者さんに投与します。ノルアドレナリンは、間接的にドーパミンの働きを強化することがわかっています。つまり、「タイム・プレッシャー」は、ドーパミンの報酬系も活発にすると考えられるのです。

単純作業を頑張れたら、結果は出なくてもその努力をまずほめてあげましょう。自分にも、他人にも、です。他人のプラスの評価でドーパミンが働き、脳はますますノルアドレナリンによるプレッシャーを好むようになる、というサイクルに入れば、理想的です。結果的に、「器が大きく」なっていくのです。

10 脳を少しだけビビらせておく

余裕があるように見えても、どことなく緊張感を漂わせているのが「器の大きい」人の特徴です。期日の決まっている仕事にはきっちり結果を出してくるのも、デッドラインを意識する緊張感によるものでしょう。

いい緊張感は、どこからくるのでしょうか。緊張、注意は、ノルアドレナリンという神経伝達物質から生じることは、前項で説明しました。このノルアドレナリンを、うまく使いこなすのです。

ノルアドレナリンは、なにか危険や恐怖にさらされたときに活発になります。ジャングルでシマウマがライオンに出くわしたら、「どうしようかなあ」とのんびり考えることはありません。

逃げるか、逃げ切れないなら無駄でも戦うかの、どちらかです。この戦うか逃げるかという「Fight or Flight」という生体反応のとき、ノルアドレナリンの活動が最高潮になります。

緊張に弱い人は、ノルアドレナリンの悪い作用が出ます。手が震えてくる、声がうわずってくる、汗がポタポタしたたり落ちる。ヘビににらまれたカエルのようですが、これはすべて、強い緊張下に置かれているサインです。

過度な緊張の連続は、心身の健康上よくありません。ノルアドレナリンによるプレッシャーばかりでは、拷問《ごうもん》になってしまいます。毎日食うか食われるかという強烈なストレスにさらされると、人間は疲弊《ひへい》してきます。ノルアドレナリンが枯渇して結果的に疲弊してしまい、意欲低下、注意集中困難といったうつ状態になってしまう可能性もあります。

ですから、〝適度な〟緊張感を自分に与えていくのが、人間の成長には欠かせません。脳を少しだけビビらせておく、そういう感覚です。大人数の前でのプレゼンテーション、顧客への営業やサービス、資格試験ならば模擬試験など、プレッシャーで脳を少しだけビビらせておくことを、絶えずこころがけておかないといけません。

原稿やプレゼン資料を、締め切りギリギリになって作りはじめる癖のある人は、この方法を試みてください。タイトル画面を作るだけでいいので、ちょっとだけでも作業に手をつけるのです。そうすると、「放っておいてちょっと心配」「間に合うかな」という不安・緊張が生じてきます。その不安を解消すべく、仕事が順々に進んでいくというわけです。これも、「脳を少しだけビビらせる」仕事術のひとつです。

緊張感のある仕事の達成感があれば、ドーパミンによって報酬系が活発になります。「緊張してイヤだけど、またやってみよう」という気持ちが出てくれれば、いいサイクルに入っていることになります。

逆にいえば、緊張感がない仕事では、なかなか報酬系は働きません。アメリカで、医師のモチベーションを上げる要因の調査が行われました。お金、名声、論文、地位……いろいろなファクターが考えられましたが、結果は経済的因子ではなく、患者が治るという「やりがい」が一位でした。

われわれ医者も、日常業務は緊張の毎日です。注射や手術といった医療行為、投与した薬は効果的で、副作用はないだろうかなど、ノルアドレナリンが活発にならざるをえない判断、行為がほとんどです。しかし、なんといってもやりがいは、「患者さんの病気が治って、感謝される」という喜びです。「ありがとうございました」と感謝されるときは、医者の報酬系ドーパミン活性は上昇していると思います（これを実証した研究は今のところまだないですが）。

強い緊張感のあとにはちゃんと評価される、そういうチームは強いと思います。脳を少しだけビビらせている状態を続けていくことが、自分や組織の成長につながり、自然に「器」が大きくなっていく流れを作るのです。

11 ときにはタバコ、お酒、コーヒーをきっぱり断つ

結果を残す人というのは、どこかストイックな側面があるものです。自分を追い込みプレッシャーをかけることで、成果を残していきます。達成感の快楽を忘れられず、また自分を追い込む、脳にはこういう報酬系のメカニズムがあることを説明してきました。続けるだけが、前進ではありません。漫然と続けているものを断つことも、継続に劣らず重要な決断です。なんとなく続けている習慣が、なにかないでしょうか？

生活習慣の中でなんとなくやめられないもの、それは「嗜癖《しへき》」と呼ばれる物質に関係していることが多いと思います。代表格は、タバコ、お酒、コーヒーでしょう。とくに害悪なのは、なんといってもタバコです。

「タバコがからだに悪いなんて、もうとっくに知っているよ」とウンザリしている愛煙家は多いでしょうが、からだだけではなく、記憶力低下など脳にも悪いことばかりだといわれると、ドキッとするのではないでしょうか？

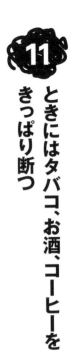

タバコがいかに脳に悪いかを、科学的に説明していきましょう。

タバコに含まれる「ニコチン」は、喫煙をやめられなくなる依存作用を引き起こします。やめようとするとイライラしてくるのは、そのためです。このニコチンは、アセチルコリンという脳内の神経伝達物質に分子構造がたいへんよく似ています。

このアセチルコリンは、人間の記憶や学習機能にとって、たいへん重要な神経伝達物質です。アルツハイマー型認知症の物忘れは、アセチルコリンの活動の低下によるものだと考えられています。現在のアルツハイマー型認知症の治療薬は、脳内のアセチルコリンを増やすような薬剤です。

アセチルコリンを受け取る「受容体」というものが、人間の脳神経には分布しています。この受容体が、アセチルコリンの代わりにニコチンを結合させてしまうのです。そして、本来結合するはずのアセチルコリンは速やかに分解されてしまうのですが、ニコチンは分解されず長時間にわたって受容体を占拠してしまいます。その結果、ニコチンはアセチルコリンよりはるかに多い刺激を与えてしまうことになります。

「じゃあ、ニコチンは脳にもいいんじゃないか」という意見が出るでしょうが、そういうわけにはいきません。長期にわたって喫煙を続けていると、脳が刺激をほしがり必要なニコチンの量がますます増えてきてしまいます。まさに「依存」です。本来機能するべきアセチルコリンを妨害してしまうことは、長期的に見ても有害です。

タバコに含まれているニコチンを例に出しましたが、漫然と続けていることは依存と惰性によるものが多いのです。お酒やゲーム、インターネット、パチンコ……。漫然と続けているものはありませんか？　漫然と続ける心地よさに惹かれて、ますますダラダラ続けてしまう。スパッとやめることへの不安もあります。依存と惰性を絶ち切る思い切りのよさも、「器」の拡大には必要なものだと思います。

12 短気の原因「夜中のラーメン」をやめる

「リーダーシップ」についての講演、書籍が、数多く見受けられます。百冊あれば百通りのリーダー論があると思いますが、共通している項目があります。それは、リーダーたるもの、どんな困難にも陽気に振る舞うこと、他人の悪口を言わないこと、誰も思いつかないアイデアを出す発想力、などです。

逆に、いつも陰気で他人の批判ばかりしていて、誰でも思いつくようなことばかりやっていては、「リーダーの器ではない」と判断されてしまうでしょう。そうならないようにするためには、日常の習慣から注意していく必要があります。

具体的にはどうすればいいのでしょうか。

陰気、イライラなど気分の調子は、脳内の神経伝達物質であるセロトニンが関与していることが明らかになってきています。

「なんとなく気分が重くて、どんより曇っているようだ」という感じは、セロトニンの活動が低下している可能性が考えられます。こうしたセロトニンの活性低下が、イライラや攻撃性を高めてしまいます。

これに関連して、フィンランド・ヘルシンキ大学精神科のマッティ・ヴィルクネン博士らが一九九四年に「アーカイヴズ・オブ・ジェネラル・サイカイアトリー」に発表した研究を紹介しましょう。

四十三人のアルコール依存傾向のある攻撃的、衝動性の高い患者から脳脊《のうせき》髄液を採取して、セロトニン活性を調べました。彼らの髄液のセロトニン活性は、健常者に比べて著しく低下していたのです。この結果を支持する同じような研究結果も報告されており、科学的にもセロトニン不足が攻撃性を高めるのは証明されたようです。

最近主流となっているＳＳＲＩ（選択的セロトニン再取り込み阻害薬）やＳＮＲＩ（選択的セロトニン・ノルアドレナリン再取り込み阻害薬）という抗うつ薬は、神経のセロトニン活性を高めるので、気分が持ち上がる効果があります。しかし、できれば、自力で気分の沈みを少なくし、陰々鬱々《いんいんうつうつ》となるのを防止したいものです。

脳内のセロトニンの働きを上げるヒントは、日常生活に隠れています。食事と運動、睡眠にあります。

セロトニンは、トリプトファンという必須アミノ酸から合成されます。トリプトファンは、大豆に多く含まれています。こう書くと一般の健康本と同じではないかと批判されそうですが、偏食など栄養不足によってトリプトファン摂取が低下すると、セロトニン活性が低下するという研究結果が、アメリカ・マサチューセッツ工科大学のリチャード・J・ヴルツマン教授らによって一九八〇年にすでに発表されています。現代人の偏食で思いつくのは、ラーメンです。わたしは〝ラーメン好き〟ですが、毎日ラーメンばかり食べているとトリプトファン不足になるかもしれません。

運動も、セロトニン活性を高めるためには重要です。とくにリズム運動によって、セロトニン神経の働きが高まるという研究結果が多く発表されています。具体的には、早歩きのウォーキング、ジョギング、自転車こぎ、ガムをかむ、吐く時間を長く取る呼吸法、などが効果的です。

充分な睡眠を取ることも、重要な生活習慣のひとつです。睡眠中には、脳の松果体《しょうかたい》という部位からメラトニンというホルモンが分泌《ぶんぴつ》されます。夜中にかけてメラトニンの分泌量が最高値に達するのですが、このメラトニンはセロトニンの助けを借りて合成が促進されます。

小さなことにイライラしているのは、セロトニン神経の活性不足の可能性もあるのです。気分が沈んできて、ちょっとしたことでイライラしていると感じたら、まずは食事、運動、睡眠など平素の日常生活を見直してください。毎晩のラーメンが短気を招いているかもしれないのです。なにげない日常生活の中に視点を移し、点検していくことで、イライラしていた気持ちが少しずつおだやかに変化していくことが実感できるでしょう。

13 休むことに罪悪感を持たない

イライラして部下に当たり散らしている上司は、「器が小さい」と言われても仕方ありません。「イラ○×」とは、呼ばれたくないものです。しかし、どんな人格者をも、イライラさせてしまう状況があります。それは、睡眠不足です。寝不足が原因でイライラして、細かいミスが多くなる経験は、誰でもあると思います。睡眠不足によるイライラの原因は、脳の「扁桃体」という部分が活発になっているためです。もう少し詳しく説明しましょう。

人間の恐怖や「ムカつく！」などの嫌悪感といったネガティヴな感情は、「扁桃体」という脳の部分が活発になっているために起こるものです。脳外科の手術で扁桃体を取ってしまった患者さんの症例報告があるのですが、怖いヘビにも平気で近づいていったりするなど、怖いもの知らずになってしまったそうです。

睡眠不足になると、扁桃体が過剰に活発化してきます。扁桃体の暴発を抑えているのが、前頭前野であると考えられています。前頭前野は、前頭葉の前側の部分です。前頭前野は、人間ならではの高次な機能を司っています。意欲、倫理観、創造性、集中力。なかでも大切なのは、ムカついても顔に出さずじっと我慢する力。これも非常に重要な前頭前野の働きです。

神経解剖学的には、扁桃体と前頭前野は、神経細胞のつながりが強いことがわかっています。暴発寸前の扁桃体を、この神経のつながりを介してうまくコントロールしている抑え役が、前頭前野といえます。睡眠不足になると、この抑え役の前頭前野の働きが鈍くなるのです。

睡眠不足によって、感情の火元である扁桃体は暴発しかけ、火消し役の前頭前野は衰えてしまいます。まさに睡眠不足は、怒りへと注ぐ最高の燃料となります。睡眠不足によって扁桃体と前頭前野のつながりが「キレて」くることを脳画像で示した研究があります。

二〇〇七年にアメリカ・ハーバード大学のマシュー・P・ウォーカー教授（現・カリフォルニア大学バークレー校教授）らのグループが「カレント・バイオロジー」に発表した論文です。二十六人の学生を、二つのグループに分けます。「睡眠充分のグループ」と「睡眠不足のグループ」です。「睡眠不足のグループ」は、一晩一睡も眠らずに徹夜をしてもらいます。その後、二つのグループそれぞれに、MRIの検査台の上で、凄惨《せいさん》で不快になる映像を見てもらいました。「睡眠充分のグループ」の脳を見ると、扁桃体の反応は強くありませんでした。しかし「睡眠不足のグループ」の場合は、扁桃体が異常に活発な反応を示していました。さらに「睡眠不足のグループ」では、扁桃体と前頭前野との連絡が遮断《しゃだん》された状態になっていたのです。まさに脳も「キレて」いたのです。

寝不足は自分の努力でカバーできるという精神論は、科学的根拠の前に崩れつつあります。睡眠不足によって、知らず知らずのうちにイライラ、無愛想になり周囲から煙《けむ》たがられている可能性はないでしょうか。睡眠時間をケチらずしっかり取るという度量の広さも、ある意味「器の大きさ」だと思います。

洋の東西を問わず昔から「器の大きい」人は、なにが起こっていようがぐっすり眠っていたものです。カルタゴの武将ハンニバルは、いつ敵に襲われるかわからない緊迫した野営でも、一兵士と同じようにマントにくるまって、ぐっすり眠っていたという逸話《いつわ》があるそうです。睡眠時間を充分に取って、余裕を持った脳で仕事をしていけば、自然と悠然《ゆうぜん》とした雰囲気が漂ってくるものです。自分でも気づかないうちに、周囲から「器が大きい人」と評価を受けること間違いありません。

疲れ切った脳があなたを凶暴にする！

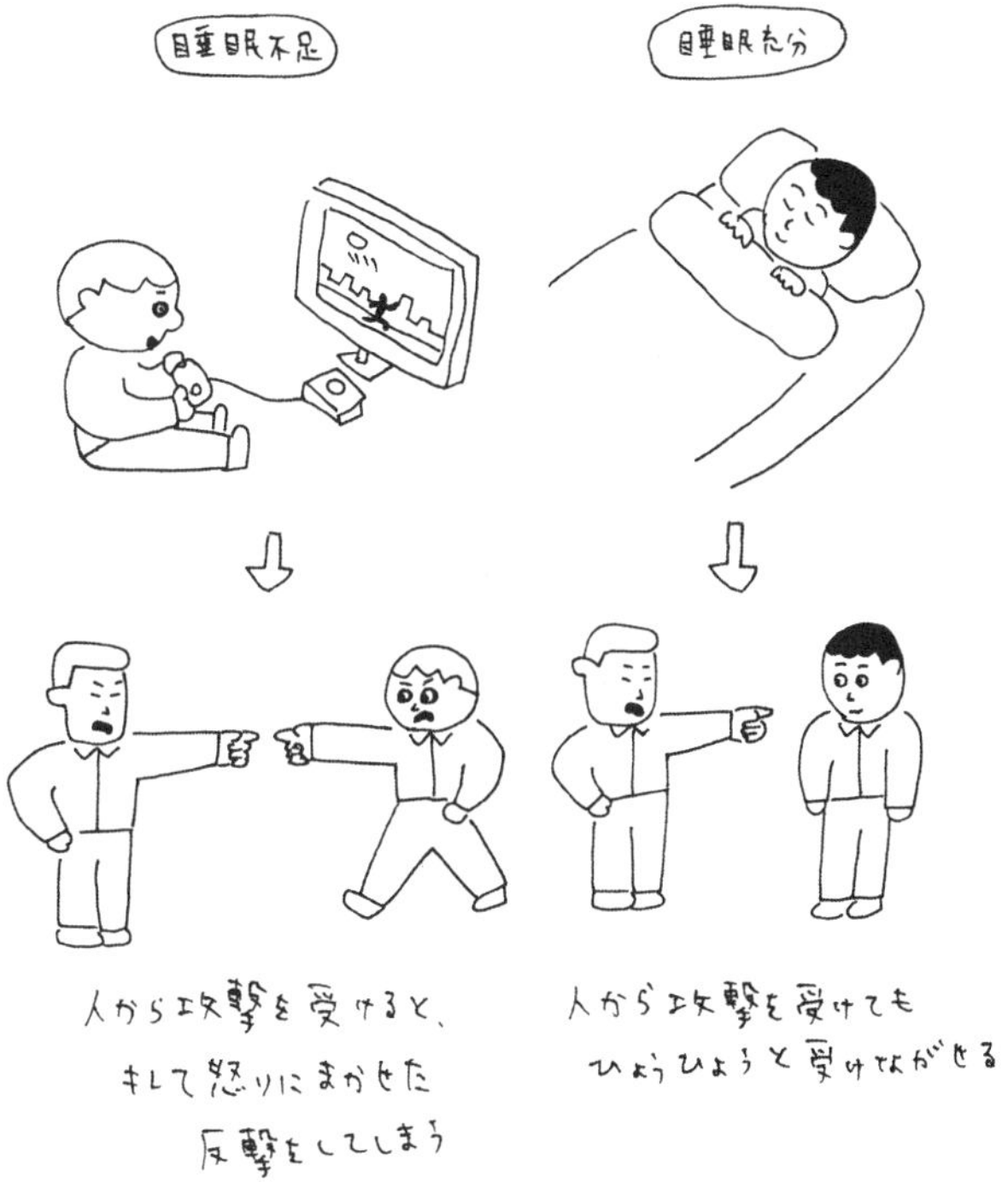

14 「捨てられない人」はワーキングメモリが低下する

「器の大きい」人は、他人ならばくよくよ考えている細かいことを忘れていることがよくあります。これは整理整頓の能力とも関係があります。デキるビジネスパーソンというのは整理整頓にも長《た》けているものです。人間の記憶とデスクまわりの物品とをいっしょに扱うのはおかしいかもしれませんが、前頭葉の機能から説明すると共通項が多いのです。

わたしの外来診療でも、「若い頃に比べて物覚えが悪くって」「（のど元をさして）ここまで名前が出ているんですけど、なんでしたっけ」など、物忘れの話題がたまに出ることがあります。お年寄りの認知症の患者さんならば合点がいきますが、三十〜四十代のビジネスパーソンにも、同じようなことを言う人が多いのです。

別に若年性認知症になったわけではありません。物を記憶するには、まず覚える対象に注意を払う必要性があります。注意散漫ですと、こころここにあらずという状態になって、ちゃんと記銘《きめい》できません。

なぜ注意散漫になるのか。いくつかの原因が考えられます。

まず、いくつものことを同時に進行させようとしているときです。コンピューターでたとえると、アプリケーションを同時にたくさん起動し過ぎてメモリを食ってしまい、動きがとても遅くなっている、そういう状態です。

注意を分散させてしまうような仕組みも、よくありません。デスクの上がごちゃごちゃで、メモや付箋の位置もわからなくなるようでは、注意散漫になるのも仕方のないことです。欲しい物がスムーズに出てこないときには、バッグや引き出しの中をあれこれ探すという余分な脳機能を使ってしまいます。

一気に多くのことを同時にやり過ぎない、いつも整理整頓をこころがけることは、当たり前ですがシンプルな工夫です。

さらにもう一つ、重要なことに「忘れることを恐れない」ということも挙げておきましょう。

仕事でも日常生活でも、新しい情報は刻々と入ってきて、パンクしそうなこともあるくらいです。大容量ハードディスクやクラウドサービスならば、空き容量を気にしなくていいと思いますが、脳には制限があります。

大事なことは紙でもスマートフォンでもいいので、外部に記録としてアウトプットしてしまいましょう。人間は「忘れる動物」であると割り切って、脳の中も整理整頓して捨ててしまうのです。

先ほど、コンピューターの「メモリ」というたとえを持ち出しました。人間にも、メモリに相当するものがあります。ステップ1でも触れましたが、前頭葉が司る「ワーキングメモリ」といい、一時的に情報を記憶する機能を意味します。同時進行でものごとを行うには、この「ワーキングメモリ」という記憶モデルが活動します。

ワーキングメモリは無限ではありません。あれこれ一気にやろうとすると、ワーキングメモリがフリーズしてしまいます。なるべく、ワーキングメモリをすっきりさせて、機能するように維持しておきたいものです。

ちょっとしたことだからメモにする必要はない、と思う事柄こそ外部にメモして、頭の中のワーキングメモリの負担を減らしましょう。また何年も使っていないけど、愛着があって捨てられないものもあるかもしれません。でも二年着ていない衣類は、おそらく来年着ることもないでしょう。捨てることで、逆に有効に使える部分も増えます。お世話になった使わないものは、感謝して捨てるのが脳にはよいのです。

忘れてもいいような仕組み作り、身のまわりの整理整頓といった基本動作が、バカにできません。不要な記憶やものは、積極的に捨てていくほうが、脳科学の観点からも「器」を大きくするのに役に立つのです。

15 ホスピタリティは器を大きくする

ビジネスの世界では、「Win-Win」という用語がしばしば使われます。これは、お互いがプラスの恩恵を受けるように、という意味合いで交渉事に用いられます。一方、「Win-Win」には、相手の欲しているものを見抜いて自分もトクをしたいという、ビジネス臭《しゅう》がして嫌いだという向きもあります。

でも、そんなことはありません。相手のことをどれだけ思いやれるかというのは、社会生活を営む上で不可欠なことです。そして、脳の可能性を広げる意味でも重要なことです。サービス業でもホスピタリティが大切ですが、ホスピタリティあふれる「Win-Win」ならば、みんな幸せになれるのです。その根拠を、説明していきましょう。

前述しましたが、ドーパミンは、脳の報酬系で稼働して、人間の意欲、快楽の源になります。ドーパミンは、報酬系だけにとどまって働いているわけではありません。たとえば、母性愛など親子間の愛情も、ドーパミンの関与が確かめられています。なぜかというと、ドーパミンは快感を生むだけではなく、親子を結びつける働きをするオキシトシンという物質をも生み出すからです。

オキシトシンという物質は、脳の視床下部というところから分泌されます。これまではオキシトシンというと、ロマンチックな恋愛や、出産や授乳のときに母親の体内で働くホルモンだと考えられてきました。わたしも医学部の授業では、女性らしいことをするときに働くホルモン、という知識しかありませんでした。しかし最近になって脳でも働く物質だということが明らかになり、精神医学、脳科学の世界でも脚光を浴びるようになってきたのです。

オキシトシンが分泌される神経は、ドーパミン神経によって周囲を取り囲まれています。ここからドーパミンが放出されると、その刺激でオキシトシンが連鎖的に分泌されるのです。オキシトシンの分泌が上昇することにより、愛着が高まるのです。逆にオキシトシンが足りないと、よそよそしく気が利かないともいえるのです。

オキシトシンの新たな知見は、自閉症スペクトラム障害の疾患モデルを徐々に解明に導いているようです。

二〇一三年にアメリカ精神医学会の診断基準が改訂され、アスペルガー症候群や広汎性発達障害は、「自閉症スペクトラム障害」という診断名に変更になりました。

自閉症スペクトラム障害を簡単に説明すると、「相手のこころを読めなくなる」脳の病気だといえます。周囲の雰囲気が読めないので、他人からすると「エッ？」と理解できない言動をするため、社会的な問題が生じてきます。

これまでの研究では、自閉症スペクトラム障害患者においてはオキシトシンの血中濃度が低いことがわかってきました。

オキシトシンとこの自閉症スペクトラム障害について興味深い研究を紹介しましょう。フランスの認知・社会神経科学センターの研究者らが二〇一〇年に「アメリカ科学アカデミー紀要」に発表した研究です。自閉症スペクトラム障害の患者十三人を対象に、オキシトシンを吸入するグループと吸入しないグループに分け、「ボールをパスする仮想ゲームを行う」「人の顔写真を見る」という二つの実験を行いました。

その結果、オキシトシンを吸入したグループでは、吸入しないグループに比べ、人の顔を見たときに視覚により注意を払い、仮想ゲームにおいても社会的な手掛かりにより留意することが明らかになったというのです。いわば、オキシトシン投与で、社会性が向上した、という結果が出たのです。

あまり注目されていなかったオキシトシンが、自閉症スペクトラム障害の臨床をはじめ社会脳の研究でも重要視されてきています。しかし、残念ながらオキシトシンをどうやって活性化するかはまだ答えはありません。ドーパミンを活性化させて、間接的にオキシトシンを賦活《ふかつ》するのが、行動的には考えられる手段です。

そのためにどうすればいいのか。冒頭の「Win-Win」の話に帰っていきますが、相手に愛情を注ぎ、お互いに意欲を高めていくことが大切ではないかと思います。

相手にトクをさせて喜ばせれば、自分にも喜びが生じ、「他人を楽しませることはこんなにいいんだ」という社会的な快楽経験ができます。相手の立場に立って親身に思いやること。サービス業はもちろん、ビジネスの世界でもこういう母性的な部分がなにより大事ではないでしょうか。ホスピタリティも器の大きさで決まると思うのです。

S T E P 3

脳の可塑性を使って「器」を大きくする

16 シナプスの枝を増やし「脳の可塑性《かそせい》」を促進させる

「器の大きさは生まれつき決まっているのだから」とあきらめている人が多いかもしれません。しかし、医学的見地では、「器」を大きくしたいという強い意欲や意識があれば、人はつねに成長、進化を続けていくことができます。成長や進化は、元来人間の中にある「変化する能力」に基づいていると考えられます。この「変化する能力」を理論的に支える生物学的現象が、脳神経細胞にはあります。脳の「可塑性《かそせい》」と呼ばれるものです。英語ではplasticityといい、plasticの名詞形になります。

脳科学に関心をお持ちの読者のみなさんならば、この言葉を聞いたことがあるかもしれません。本来の意味は、プラスチックや粘土といった材質の特徴から来ています。粘土を指で押して力を加えると、凹《へこ》んだままになります。いわば、「可塑性」とは、与えられた刺激によってかたちが変化し、その変化が維持されるような性質のことです。

この言葉が、脳にも使われるようになったのです。脳というより、シナプスの変化といったほうがいいでしょう。脳細胞は、単独で機能しているわけではありません。電子顕微鏡レベルでしか観察できない、神経細胞同士が少しだけ間隔を置いて接合している部分、この接合部を、シナプスといいます。シナプスとは、握る、結合する、加わるというギリシャ語に由来しています。

シナプスの間を、ドーパミンやセロトニン、アセチルコリンなど多種の神経伝達物質が往来をして、人間の精神活動を形成しています。抗うつ薬は、シナプス間のセロトニンやノルアドレナリンの働きを強めます。アルツハイマー型認知症の進行を遅らせる薬剤は、シナプス間のアセチルコリン活性を強める効能があります。

脳神経細胞の絶対数も重要ですが、このシナプスの数を増やし活性を高めることが、人間の脳を考える上で重要なのです。人間の脳神経細胞の数はどれくらいか、実ははっきりしたことはわかっていません。百億とも千億ともいわれていますが、実際に脳細胞一個一個をカウントする技術は、まだ持ち合わせていません。同じように、成人すると脳細胞は減少傾向になりますが、たとえば「脳細胞が一日十万個ずつ死滅する」といった具体的な数字についても、実験に使っていたハエが何匹死んでしまったといったレベルでの実証をすることは、ほとんど不可能なのです。

可塑性を提唱した学者は何人もいますが、可塑性は神経細胞が経験によって変化する能力であり、シナプスの可塑性こそ学習や記憶であるという学説は、広く受け入れられています。

脳の「可塑性」を突き止める研究は、数多く行われています。たとえば、東京大学の廣川信隆特任教授の研究チームが二〇一一年に報告した動物実験があります。この実験では、人の脳は外部からの刺激が乏しくなると、学習機能に関連する「NMDA」というタンパク質を作る遺伝子に悪影響が及び、学習機能が低下するという結論が出されました。

可塑性についての基礎的研究を専門外のわたしが紹介するよりも、わたしが実際に経験した高次脳機能障害の症例をご紹介しましょう。十八歳の少年なのですが、スポーツの試合中に側頭部を打撲《だぼく》してから、記憶が三、四日しか続かなくなってしまいました。学校にも行けず、引きこもりになってしまい、困り果てた本人と両親がわたしのもとに来たのです。MRIやCTでは異常はまったく見つからず、大学病院のPET（ポジトロンCT）という脳検査で、ようやく側頭葉のシナプス損傷とブドウ糖代謝が低下している部分を発見しました。

異常を見つけたといっても、治療法に直結するわけではありません。わたしも積極的な治療法を提案することができず、両親を落胆させせました。

脳の可塑性の仕組み

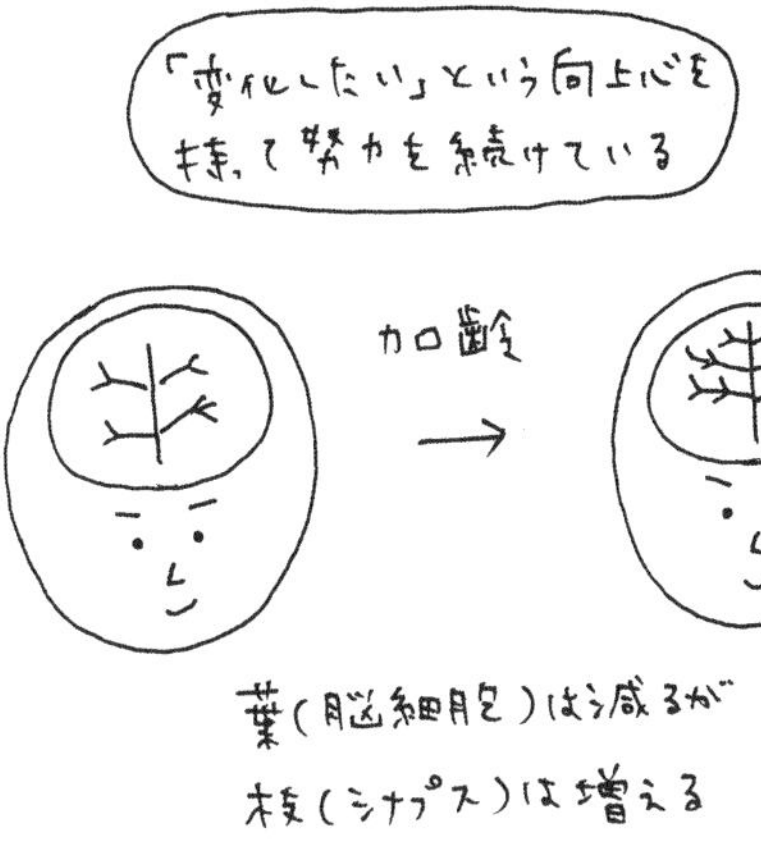
「変化したい」という向上心を
持って努力を続けている
加齢
葉(脳細胞)は減るが
枝(シナプス)は増える

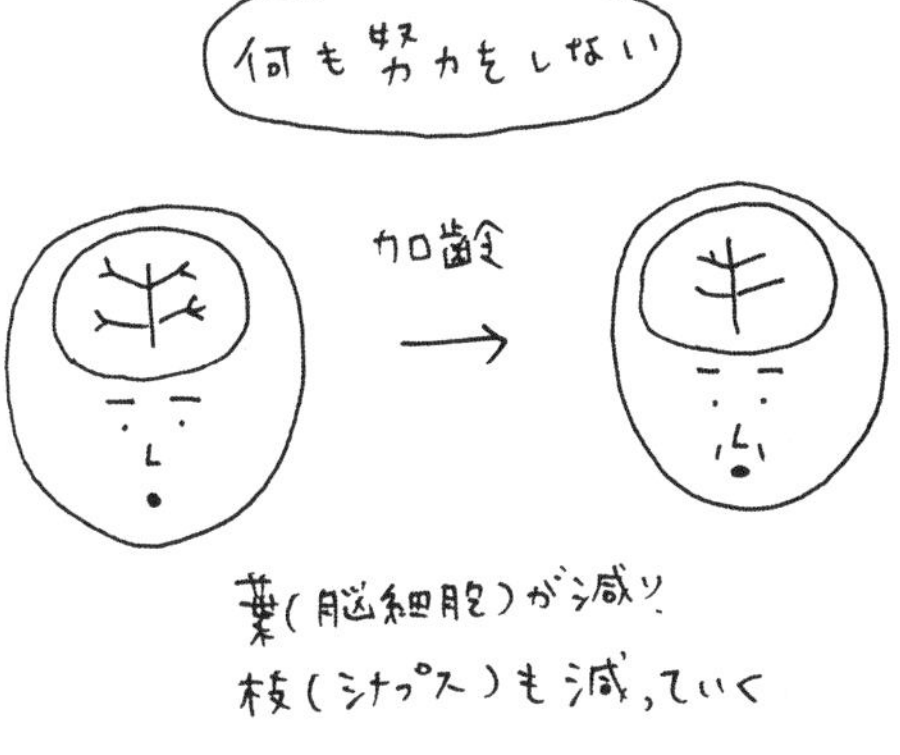
何も努力をしない
加齢
葉(脳細胞)が減り
枝(シナプス)も減っていく

しかし、彼は認知リハビリテーションを地道に続けました。その結果、記憶力が徐々によみがえってきたのです。一年で彼は回復し、退院していきました。回復後のPETにおいて、非常に驚くべき結果が出たのです。シナプス損傷はそのままだったのですが、ブドウ糖代謝がめざましく改善したのです。

ある部分のシナプスのダメージは回復が難しくても、脳のほかの部分の機能を高めて失われた機能を代償する、脳にはこういう驚くべき回復力もあるのです。

少年は退院後も順調で、第一志望の大学に入学することができました。脳の「可塑性」の生き証人として、本人の許可を得てご紹介させていただきました。記憶も無事取り戻しましたが、つらい入院生活を耐え抜いたことで人間としての「器」が大きくなったと、主治医として感じたのはいうまでもありません。

17 「性格だから……」とあきらめない

「シナプス」の枝を増やし、育てていくことが、脳の可塑性を促進する、という説明をしてきました。刺激によってシナプスが増えるということは、大脳の中で脳神経細胞どうしのつながりの数だけでなく、密度も増加することになります。

単に刺激が多ければ、シナプスが増えていくというものではありません。植物を例に挙げると、日光がさんさんと当たっているだけで、朝顔の蔓《つる》や花の密度が増えるというものではありません。適当な量の水や肥料も必要です。

植物の肥料に当たるものが、人間の脳にはあるのです。それは、BDNFというタンパク質です。Brain-derived Neurotrophic Factorの頭文字を取ったもので、日本語では「脳由来神経栄養因子」と呼ばれます。BDNFと呼ばれることがほとんどなので、ここでもBDNFで通します。

BDNFの分子的な細かい説明は難解になりますので、簡単に解説します。BDNF

は、細胞表面上にあるＴｒｋＢとＬＮＧＦＲという受容体に結合して、シナプスの機能向上や長期記憶の形成など、神経細胞の成長にとって欠かせない物質です。最近話題の、幹細胞からの細胞分化にも影響を与えていると考えられています。

ＢＤＮＦに関する研究には、神経系のメカニズム解明にとどまらず、疾患に対する新たな治療を開発する期待が込められています。脳神経の病気だけではなく、痛風や歯周病治療の分野でもＢＤＮＦは注目されていますが、ここでは脳神経疾患に焦点を当ててみましょう。

実は、うつ病や統合失調症などの精神疾患では、血液中のＢＤＮＦが低下することがわかっています。先ほど述べた、植物に水や肥料が不足してくるとしおれて元気がなくなってくるように、ＢＤＮＦの不活性はうつ病など精神疾患の原因になるかもしれないのです。

精神疾患の生物学的研究では世界第一人者といっていい、アメリカ国立精神衛生研究所のダニエル・ワインバーガー教授のグループが二〇〇八年に「モレキュラー・サイカイアトリー」誌に発表した研究があります。

彼らは、ある遺伝子変異体に注目しました。セロトニン系の中に、うつ病を引き起こす「うつ病促進遺伝子」が存在することが、実はわかっています。「うつ病促進遺伝子」に変異体があり、この遺伝子変異体によって脳の中でどれくらいセロトニンが機能できるかが決定されます。セロトニンの働きが悪くなれば、うつ病発症の危険性がグッと高まります。

彼らは、百十一人の健康な人の脳を調べたところ、この「うつ病促進遺伝子」を持つ人では、扁桃体や前部帯状回《たいじょうかい》など感情をコントロールするネットワークに変化が生じているのを発見しました。興味深いのは、「うつ病予防遺伝子」という遺伝子も存在して、この変異体を持っていれば、「うつ病促進遺伝子変異体」を持っていても感情のネットワークに変化はなかったというのです。

BDNFは、シナプス間の情報伝達の仲介役であるとも考えられています。脳の成長過程でセロトニンとBDNFに異常が発生すると、その異常がもとで感情を支配する脳のネットワークに障害を起こさせるのではないかと考えられていますが、詳しいメカニズムはまだ研究の途中です。

この結果を見ても、「うつ病促進遺伝子」があれば、必ずうつ病になる運命にあるというわけではないことがわかります。遺伝子間の相互作用もあるのですが、人間の場合は、生活上のストレスの影響が大きく、動物実験や遺伝子レベルだけでは、満足のいく説明ができないのです。

ここで長々と分子生物学の話をしてきたのは、「遺伝子」で人間の性格や成長過程、どういう病気が何歳で起こりうるかなどを予測することは、不可能だということを述べたかったからです。逆にいえば、努力によって遺伝子の運命性をはねのけ、人生の可能性を自力で切り開くこともできるという論拠になります。

「親が短気だからダメだ」なんてあきらめずに、成長を目指していきましょう。「器」の大きさは、遺伝子で生まれながらにして決まっているわけではないのです。

18 失敗と挫折の記憶を脳にくっきり刻み込む

「器の大きさ」と聞いて連想する用語を、思い浮かべてみてください。人格者、人徳、寛容、忍耐力、などでしょうか。ほかにもいくつか「器の大きさ」をいい表す概念はあると思います。

社会的には妥当だと思います。ただ、脳科学や精神医学の立場から考えると、これらの概念は「記憶」「学習」がないと、成り立たないのです。

人間の社会生活においていかに記憶・学習機能が重要か、ある病気を例にとって説明しましょう。コルサコフ症候群という病気です。初めてこの疾患を記述したのは十九世紀後半に活躍したロシアの精神科医、セルゲイ・コルサコフでしたが、ロシアだけでなく現在の日本でもたまに患者さんを見かけます。

コルサコフ症候群とは、ビタミンB_1の著しい欠乏により、脳の記憶の回路である乳頭体という部分が回復不可能な障害をこうむることで発症します。コルサコフ症候群を引き起こすほどの激しいビタミンB_1の欠乏は、ほとんどがアルコールの大量摂取によるものです。

コルサコフ症候群の患者さんは、新しいことがまったく記憶できません。わたしも精神科医としての研修中にアルコール依存症の病棟で数人、コルサコフ症候群の患者さんを受け持ったことがあります。

彼らは、記憶が数時間しか維持できません。毎朝わたしが彼らを訪れても、「はじめまして」と言い、わたしの顔を覚えられないのです。発症した年齢で記憶が止まっているので、年齢を聞いても五十歳ぐらいの男性が「二十三歳です」と、毎日答えるのです。

薬剤はおろか、記憶力リハビリテーションや心理療法も、残念ながらほとんど効果がないのが、この病気です。あらゆる治療法が効かない理由は、話したり教えたりしたことを、片っ端から忘れてしまうからです。忘れないようメモしましょうと助言しても、その助言も忘れてしまいます。

コルサコフ症候群は病気ですから、特殊な例かもしれません。しかし、人間は記憶・学習という機能がないと、まったく変化できない生物になってしまうのです。ある時点で時間が止まったように成長が停止するということが、本当にあるのです。

変化していく上で、人間には、記憶・学習がつねに必要なのです。

失敗や挫折は人間にはつきものですし、それを克服しなければ成功はありません。仕事でもスポーツでも、失敗や挫折の記憶がくっきり刻まれてこそ、挽回《ばんかい》しようと努力するエネルギーが湧いてくるのです。

エネルギーだけではありません。過去にこうしておけばよかった、こういう準備をしておくべきだった、などの反省材料を記憶し、次回に備えて改善することも重要です。ここでも、記憶と学習の重要性を理解することができます。

すべてを脳の中に記憶できなければダメというわけではありません。忘却と立ち向かう対策は、メモやノートなどを使って、われわれがいつも苦労と工夫を重ねていることです。記憶と学習について、つねに努力と工夫を重ねていくことが、自分自身を変革していく上で不可欠の地道な作業ともいえるのです。そうした努力の積み重ねによって脳の許容量も広がっていき、「器」も大きくなっていくと思うのです。

19 空間認知と遂行能力が向上するような趣味を持つ

怒りや攻撃性、衝動性に関係する脳部位は、海馬、扁桃体、前頭葉です。これらの脳部位は、記憶以外のほかの認知機能においても重要な役割を担っています。その中でも、空間構成・認知と遂行能力については、人間が生存していくために不可欠な脳機能といっても過言ではないでしょう。

なぜこの二つの機能を強調するかというと、人間の脳機能の衰退をダイレクトに表す指標になるからです。仕事や日常生活のなにげないことができなくなってくる遂行機能の低下・障害は、認知症においては診断基準の一つです。認知症は、物忘れではじまり、進行していくことは知られていますが、空間認知の障害も問題です。たとえば、お年寄りが迷子になったり、病棟で部屋を間違えたりするのは、空間認知能力の低下が原因です。

空間認知を英語に訳すとspatial memoryになります。記憶の一種に分類されるので空間記憶ともいえますが、記憶よりは認知のほうがイメージしやすいと思います。単語や人名を覚える意味記憶、場面や状況を記憶するエピソード記憶とは、異なる種類の記憶だということは、感覚として理解できます。

空間認知の重要性を強調しているのは、北京オリンピックでの競泳日本代表チームを指導した脳外科医の林成之先生です。林先生の著書『脳に悪い7つの習慣』（幻冬舎新書）の中では、「空間認知能」の良し悪しによって、段取りがいい人か悪い人かに分かれてしまうと、警告を発しています。そして、「空間認知能」を鍛える方法として、姿勢を改善すること、概念は字でなく図で理解することなどを説いています。

空間認知の能力を高めることは、遂行能力の向上にもつながります。位置的な空間をとらえるだけではありません。この作業はどのくらいの時間で終わるだろうか、いつから取りかかれば順調に進むかなど、時間認知の感覚も入ってくるからです。

姿勢を正す、図解するといった作業に通じるのは、趣味の活動でしょう。姿勢を正すヨガなどの運動、絵やスケッチなどの絵画。ほかにももちろんあります。ゴルフやテニスなどのスポーツ、ピアノやギターなどの楽器演奏、日曜大工やプラモデル作成などクラフト系も、空間認知を鍛えてくれます。料理は、まさにワーキングメモリを駆使して、遂行能力を必要とする高次な作業です。

報酬系が活性化するぐらいに自分が楽しめて、仲間もできて他人からも認められれば、言うことはありません。仕事で偏った部分しか使っていない脳に、まったく異なった負荷をかけて刺激を与えるのです。新しい才能の発見ができれば、喜びも増幅されること間違いありません。

蛇足《だそく》ながら、興味深い研究結果を紹介しておきましょう。生物としての雄ならではの機能でしょうか、男性ホルモンであるテストステロンには攻撃性が高まるという特徴があります。このテストステロンが、空間認知を向上させるという論文があるのです。実際にアメリカ・ワシントン大学のグループが、健常老人ないしアルツハイマー型認知症の患者に少量のテストステロンを投与して、空間認知能力の向上を確認しています。

以前『話を聞かない男、地図の読めない女』という本が話題になりましたが、テストステロンが男性に比べて少ない女性は、空間認知能力において男性に劣っているという仮説も成り立ちます。

しかし、テストステロンについては、慎重に考えないといけません。研究は実験動物ないし高齢者が対象となっています。実際に、若年者にテストステロンを投与すると、筋肉はつくかもしれませんが、ご存じのようにハゲやすくなります。前立腺ガンなど、悪性の病気を引き起こす可能性も高くなるのです。

ちなみにグーグルでは、仕事以外のアクティヴィティに全時間の二割程度を使わなければならないルールがあったそうです。自己だけでなく、組織としてのボトムアップにつながるというのが、理由だとのことです。二割を仕事や勉強以外の空間認知と遂行能力を高める趣味に割りふることも、脳にとっては悪くないことなのです。

20 怒りを鎮めるにはトリプトファン

怒りについて書かれた本には、仕事現場の経験や心理学、あるいは宗教などから分析されたものが多いように思います。ガラリと見方を変えて、脳機能や神経伝達物質、遺伝子といった生物学的な目線からアプローチしてみましょう。

敵意を持った陰性感情としての怒りの神経回路は、以下の四つの脳部位が関連していると考えられています。

①前頭葉眼窩《がんか》面と腹内側前頭皮質、②背外側前頭皮質、③扁桃体、④前帯状回。それぞれの脳部位が、攻撃性や衝動性、暴力行為など、怒りに関連する行動に重要な役割を担っています。

どうして怒りがこれらの脳部位と関係があるとわかったのでしょうか。古くは頭部外傷を負った患者の症例報告から明らかになりました。前頭葉眼窩面を損傷した外傷患者では、それまで礼儀正しくおとなしかった人が、粗暴で盗みや暴力を平気でする人に変わってしまったなど、報告は枚挙《まいきょ》にいとまがありません。

現代の臨床現場でも、このような性格変化をきたす症例は数多く、外傷だけが原因ではありません。脳腫瘍《しゅよう》や脳梗塞《こうそく》などによる脳ダメージによっても、人間の精神機能の変化を観察することが可能です。

健常な人間における怒りの処理プロセスの分析を可能にしたのが、PET（ポジトロンCT）や機能的MRIです。視覚や聴覚による刺激を提示して、その刺激に対応する脳部位のブドウ糖代謝や血流増加（正確には、BOLD信号増加）を感知することができます。不愉快な写真を刺激として見せている間に、機能的MRIを撮像《さつぞう》した研究がいくつかあります。その結果は、扁桃体の活性化、腹内側前頭皮質の機能低下などが相次ぎました。

怒りに関連する化学物質として知られているのは、神経伝達物質のセロトニンとノルアドレナリン、ドーパミン。男性ホルモンであるテストステロン、抗利尿ホルモンであるバソプレッシンなどです。この中で、科学的に根拠がいちばんしっかりしているものは、セロトニンです。

ステップ2で、衝動性の強い精神疾患患者の脳脊髄液《のうせきずいえき》の中のセロトニン活性が低下していたという論文を紹介しました。セロトニンは、トリプトファンという必須アミノ酸から合成されます。セロトニンについて書かれている本には、定番のおすすめ食材として大豆、バナナが挙げられています。

トリプトファンというと健康サプリっぽくてあやしい、そう思っておられる人も多いと思います。しかし、トリプトファンは重要です。アメリカ・テキサス大学のグループが一九九九年に発表した研究では、トリプトファン抜きのアミノ酸飲料ばかり飲んでいた健常者グループで、攻撃性が高まったという結果が出ています。

このトリプトファンを機能させる酵素《こうそ》の遺伝子にも、多様性が認められ、個人差が大きいことがわかっています。アメリカ・ピッツバーグ大学のステファン・マヌック博士らの遺伝子研究グループは、トリプトファン脱水素酵素という酵素の遺伝子において、Ａ２１８ＣＵという対立遺伝子を持っている人で、攻撃性が高かったという論文を発表しています。トリプトファン脱水素酵素は、トリプトファンをセロトニンに変換するときに不可欠な酵素の一種です。

扁桃体、前頭葉皮質、セロトニン、遺伝子。怒りにはこういった神経科学、神経生理学からの切り口もあるのです。われわれ精神科医にとっては、薬剤や心理療法など治療を考える上で念頭に置かなければならない知識です。

一般の人にとっては、科学的事実を理解したからといって、扁桃体や遺伝子に直接操作を加えて変化を起こすことは不可能です。しかし、客観的で正確な知識は、心理学的な対処法をしっかりと裏打ちしてくれるはずです。寝不足は扁桃体を興奮させる、過度な偏食はトリプトファン欠乏を起こしうる、などといった知識は、日常生活での応用にもつながるでしょう。

21 テンパってきたら、器を広げるチャンス

前項では、怒りを脳科学からアプローチしてみました。しかし、大多数の読者のみなさんは、怒りのメカニズムより、怒りのコントロール法を知りたいのではないでしょうか。

怒りの感情は、「ムカつく」「気にくわない」という、ネガティヴな感情と関係が深いといわれています。ネガティヴ感情は、怒り、不満、敵意、焦燥《しょうそう》が混ざっている感情の様式といえます。

これまでの社会心理学は脳科学と異なり、このネガティヴな感情と怒りとの関連性を過小評価していたという批判があります。扁桃体から発生した恐怖、不愉快といった感情をベースに、前頭葉の抑制が働かず攻撃性や衝動性となって表面化してしまうプロセスを考えれば、「ムカつく」「テンパる」「キレる」が、危険なサインであることがわかります。

怒りや余裕のなさを、ある程度抑制することは可能なのでしょうか。これについては、研究論文の中に答えはありません。この項目で書くのは、わたしがこれまでに経験した、臨床現場における怒りとのつきあい方です。経験主義と思われるかもしれませんが、経験の中にも医学、心理学などサイエンスの考え方が入っています。

怒りは、ネガティヴ感情から発生します。幸福や満足感から生じてくることはありません。では、怒りを表す現代語の代表格である「ムカつく」「テンパる」「キレる」から、怒り処理のヒントを見つけてみましょう。

「ムカつく」は、「胃がむかついてくる」が原意でしょう。相手の印象が悪くて生理的に受けつけない、他人が自分の思い通りに動かない、などといった状況でしょう。逆にいえば、すべては自分の思い通りになる、とどこかで思い込んでいる証拠です。お役所対応など実際に不愉快になることもあるのですが、自分勝手な感情であることも少なくありません。

自分は絶対に正しいわけではない、と客観化をつねにこころがけることです。客観化しても、相手に非があるときは、期待値を下げて思考をマイナスにしてみます。「どうせうまくはいかない」と深刻にならない程度に考えることで、感情の不快度数を下げることができます。人生は辛抱とはいえ、あまりに「ムカつく」瞬間が多いようでは、器が小さいと評せざるをえません。

「テンパる」の場合は、事情が少し異なります。「テンパる」とは、怒りの感情が極限まで達する直前の状態を指します。もともとは、マージャン用語で、あと一枚の目指す牌《パイ》が入れば上がれる状態を意味する「聴牌《テンパイ》」から来ています。

「準備万端の状態」が、転じて「目いっぱいの状態」という意味を持つようになり、二〇〇〇年頃から後者の「余裕がなくなる」「あわてて動揺する」「切羽詰まった状態」などの意味に使われるようになりました。「もういっぱいいっぱいだ！」というこころの悲鳴であり、「キレて爆発寸前」というのが、現代語「テンパる」の定義のようです。

もともと怒りっぽくない、度量の広い人でも、すべてが一気に集中すると度量も狭くなってしまい、怒りに結びついてしまうのです。ワーキングメモリの項目でも書きましたが、人間にとって同時進行できることには、限度があるのです。

「テンパっている」ときは、一時的に器が小さくなっているだけです。やることに優先順位をつける、保留すべきことは保留する、ブレイクを取る、充分な睡眠をこころがける、など前頭葉に優しい生活スタイルと工夫によって、ありがたくない精神的「テンパイ」から脱することができます。

「ムカつく」「テンパる」ときの心理状態を把握し鎮静化を図ることで、最悪の「キレる」事態は、防げるはずです。逆にこういった感情を持ったときは要注意ですので、怒りに攻撃されかかっている自分を意識して、怒りを乗り越えましょう。

22 空気を読んで「社会脳」を鍛えよう

「空気を読めない」「相手の立場でものを考えられない」「ひとつのことにこだわり続ける」という特徴を持っていて、変人扱いされ浮いている人、あなたの周囲にいないでしょうか？

こういった傾向のある人は、「発達障害」と診断される可能性があります。この「発達障害」という診断名を耳にする機会は、この十年でずいぶん増えてきたと思います。世間の注目も、集まってきている疾患です。

正確には、15項でもお話しした、「自閉症スペクトラム障害」という診断名です。わたしが研修医だった頃は、「発達障害」といえば、自閉症のことを主に意味していました。自閉症ならば、知能面で重度な遅れが生じます。したがって、診断が比較的つきやすい疾患です。

問題になっているのは、発達障害の中でも、知的な低下がほとんどないかむしろ知的にも高機能で、学校では成績が優秀だったりする人で、しかし、社会性の獲得やコミュニケーション能力といった、人間の基本的な社会機能の発達が遅れているという場合です。

とにかく、ひとつのことにこだわりが強く、他人の意見や助言をなかなか受け入れません。我が道を進むだけで、他人がどう思おうと関係ありません。偏差値の高い高校・大学でもこういう学生は少なくありません。

こだわりは、悪いことばかりではありません。研究や専門的技能の領域では、ひとつのことを何年もこだわり続ける習性が必要です。電球を発明したトマス・A・エジソンも、自閉症スペクトラム障害の疑いがあるそうですが、研究面でひとつのことを成し遂げる人物は、多かれ少なかれこの自閉症スペクトラム障害の傾向を持っている場合があるのかもしれません。

研究などで自分の特性が発揮できれば素晴らしいですが、自分に合わない状況に置かれると、うつ状態や不安症状など精神的に不安定になるケースも多く見られます。他人がどう思っているか考えるのが苦手な人に、営業職やサービス業は難しいでしょう。

発達障害は、本人や生育した家族に責任があるわけではありません。発達障害は、脳になんらかの異常があるのではないかと考えられています。アメリカでは、発達障害の脳研究に莫大な研究予算が投じられています。

自分のこだわり、他人がどう考えるかをイメージできる……こういった脳機能を、「社会脳」と総称することが多いようです。本書で述べている、恐怖などの感情は扁桃体で起こり、倫理、判断、問題解決には前頭前野が働くなど、脳と人間の高次機能との関係性を調べるのが、社会脳研究です。

残念ながら、発達障害の診断・治療に向けた研究はまだまだこれからです。病院での発達障害の診断も、両親に子どもの頃の様子を聞いたり、通知表を持ってきてもらったり、問診による情報に大きく依存しているのが現状です。ＭＲＩや脳波でもはっきりした異常がないのも、診断を難しくしている要因です。

人間社会においては、この「社会脳」の発達・機能が不十分だと、不利な立場になることも少なくないでしょう。社会脳を育てることが、「器を大きく」するには、欠かせません。

社会脳を育てる簡単な秘訣……残念ながらそういうムシのいい方法はありません、あえていえば、他人の意見や批判を謙虚に受け止める、独りよがりにならずに気配りに努める、などでしょうか。

発達障害の教科書を開くと、治療法は根本的にはなく、周囲が発達障害の人に合わせるしかないという記載もあるくらいです。しかし、エネルギーのある人は、多かれ少なかれ「こだわりが強く」「空気を読まない」傾向があるのも、うなずける事実です。

ブレない自分を持ち、周囲の抵抗に負けないながらも、したたかに周囲と折り合っていく。「空気を読める」「空気を読まない」どちらの特性も、重要でしょう。社会で成功するためには、適応のよさと「自分オリジナル」を強く持つ姿勢が、バランスよく求められるように思います。

STEP 4

客観力を鍛えて、小さいことにこだわらない脳をつくる

23 前向きな友人とつきあう

ステップ3では、遺伝子など生物学的なトピックを交えて、脳の可塑性《かそせい》を中心に見てきました。神経細胞が枝を増やし、形を変容させ「可塑的」な脳となっていくことは、人間の記憶や学習だけでなく、人格の形成、成長にも大切な役割を果たしています。

人間社会においてもっとも重要ともいえる「社会性」の獲得も、遺伝子など先天的要因よりも、後天的な「可塑性」というメカニズムによるところが大きいのです。他者とつきあっていく「社会性」は、自分のこだわりだけを通していたのでは身につきません。他人の意図を読むことも大切でしょうが、まずは自分を客観的にとらえる「客観性」を高めるのが重要です。

客観性をゆがめる要因は、いくつかあります。なにかで成功を収めて有頂天になることも、客観性が失われた状態でしょう。しかし人間が客観性を失うのは、なにより苦境に立っている、つらく落ち込んでしまったときだと思います。

この落ち込んだ気分が、客観性においてマイナスに働くことを説明していきます。自分でにっちもさっちもいかない状況は、うつ病の発生を準備するような心理状態にもつながってきます。憂うつという気分は人間誰しも持つものですが、程度によっては客観性を損ねてしまう可能性があります。少しこの憂うつについて、掘り下げてみましょう。

うつ病理論を初めて構築した二十世紀のドイツの精神医学者フーベルトゥス・テレンバッハは、メランコリー理論を唱えました。メランコリーとは、憂うつや落胆を意味します。彼は、組織や秩序を愛する傾向を持つ人を、メランコリー親和性格と定義しました。一昔前の日本人に多かった、勤勉な仕事人間や良妻賢母といわれる人々が、メランコリー親和性格者といえるでしょう。

このメランコリー親和性格者が秩序の乱れを避けるために、自分自身の秩序の中に閉じ込められてしまうことを、「インクルデンツ」と表現しました。保守的なあまりに転職など環境の変化に適応できず、自分のマイナス思考に自らどっぷり浸かってしまうとたとえると、わかりやすいと思います。

同時に、「負い目」という概念も提唱しました。原語では、「レマネンツ」です。インクルデンツが環境的要因ならば、レマネンツは時間的要因です。期日までに仕事を仕上げられないなど、われわれ現代人がしばしば陥《おちい》る苦境です。

テレンバッハは、インクルデンツやレマネンツといった心理特性が、うつ病を引き起こすと考えました。現代ではセロトニンやノルアドレナリンといった生物学的要因が重要視されますが、客観性を考える上では示唆に富む概念です。

客観性を向上させるには、すなわち認知のクセや歪みを改めることです。詳しくはのちの項に譲るとして、客観性と脳の習性について、二点、ポイントを挙げておきましょう。

一つは、気分には波があるということです。「冬来たりなば、春遠からじ」「三寒四温」ではないですが、治療が必要なうつ病でない限りは、沈んだ気分がずっと続くということはなく、気分は変動するものなのです。人間には、気分がなんとなく沈んで曇った空のようだという瞬間があるものです。この「メランコリック」な陰うつとした気分のときに、ネガティヴな感情は起こりやすい傾向があります。「気持ちの低気圧」ととらえて、悲観的にならずにやり過ごす鈍感さも必要です。

二つ目は、他人の共感と評価をいただくことです。「自分の悩みは深刻ではないのでは」と心のどこかで疑っていても、自分では自信がありません。他者からそれを確認、あるいは矯正《きょうせい》してもらいたいのです。そのためには、肯定的な意見を発信する知人・友人を持つことです。辛口《からくち》批評家や厭世的《えんせいてき》な発言ばかりする人とのつきあいは、自分のマイナス思考をますます強化してしまいます。

気分は変動しやすいものであるという特性を知って、他者によるポジティヴなチェック機能を活かしていけば、客観的な考え方が身についてくると思います。

24 客観性の大敵「自己愛」への対処法を身につけよう

世の中には、自分勝手な人がいるものです。自由奔放《ほんぽう》ぐらいならまだ許せますが、ささいなことでイライラして、周囲にひどい迷惑をかける人も多いでしょう。自分の思い通りにならずに怒りっぽくなっている、こういった自他ともに苦しい状態がひどくなると問題になってきます。

客観性を欠いた状態で、自分のエゴだけがどんどん肥大していくと、人間はどうなってしまうのでしょうか。「自己愛」が病的に肥大してくると、人間はどういう状況に陥るのでしょうか。

たとえば、大した業績もないのに才能を誇張する「誇大性」、自分が特別な存在であるという間違った自信、過剰に賞賛されたいという強い欲求、他者への共感の欠如、強い特権意識、成功している他人への病的嫉妬《しっと》、尊大で傲慢《ごうまん》な態度。こういった人が身近にいると大変です。

こういった認知、感情の持ち方が青年期から持続していて、「自他ともに苦痛」にさいなまれ、社会的、職業的に大きな支障をきたしている場合、現代の精神医学では「自己愛性パーソナリティ障害」と診断します。ＮＰＤ（Narcissistic Personality Disorder）と略称しますが、病的で利己的なナルシストと表現したほうがよいでしょうか。わたしも二、三人ほど受け持ちましたが、正直もう担当したくないくらい精神的に疲弊《ひへい》しました。

どうしてこういう人格が形成されるかについては、フロイト理論をもとにした心理学者ハインツ・コフートの自己愛理論が有名です。彼の理論を、簡単に説明しておきましょう。

もともと子どもが持つ自己顕示的《じこけんじてき》な自己愛が、環境との相互作用（共感といいます）によって、ゆっくりと現実的で成熟した自己愛に内在化していくのが、健常の自己愛の発展であると定義します。しかし、自己愛性パーソナリティ障害では、環境との折り合いをしくじり続けて、子どもの頃の未熟な自己愛のまま成人し、愛情の対象を求め続けるために現実社会との軋轢《あつれき》が大きくなる、と説いています。

これは、精神分析的な自己愛理論です。現実に起こりうるトラブルは、深刻です。持ち前の傲慢不遜《ふそん》、「君がこれをやるべきで、わたしにとって当然の権利」という、対人関係からの搾取《さくしゅ》、羨望《せんぼう》と賞賛を求める態度、他人への共感の欠如から、重大な対人関係の破綻《はたん》や、拒絶経験から来る仕事上の困難など、危機に陥ります。

他者から拒絶されたり、プライドを傷つけられたりするような不名誉に耐えられず、抑うつや不安が高まることがあります。周囲に対して恨みが募り、妄想的になることもあります。思い通りにいかない怒りのあまり、激しい自殺企図、あるいは関心を呼び集めたいための自傷行為に及ぶこともあります。もはや「器が小さい」という問題ではすまされない病的人格です。

こういった人をどう治療するのですか、と研修医から聞かれることがあります。青年時から形成されてきた人格を大幅に修正することは、困難です。肥大化した自己愛に不注意に介入すると、批判や拒絶と受け止められてしまいます。

最初は「もっともですね」と受容と共感に努めていても、徐々に本性が現れてきます。医者にも、過度な要求を突きつけてきて、あたかも自分の手下のように振る舞うことを求めてきます。治療していても、無力感を感じることもしばしばです。

治療としては、コフートも指摘していますが、傷ついた自己愛への共感と、誰でも人生に失敗が伴うという受容的姿勢で、接していくしかありません。

しかし、自己愛の問題をほとんどの人が上手に処理しているかというと、そういうわけでもないように思います。誤った誇大性や賞賛されたい欲求など、自己愛性パーソナリティ障害の人に当てはまる傾向を、人間ならばちょっとぐらいは持ち合わせているはずです。

コフートの挙げた治療目標である「妥当な自己対象を求めていく」は、覚えておいていいフレーズだと思います。怒り、妬《ねた》みという感情は、もしかしたら強い自己愛に基づいているのかもしれません。少しでもそう感じたら、他人への思いやりや感謝という感情に振り替えましょう。間違っても「オレは器が大きいんだ」と慢心してはいけません。

25 自分のこころのクセを知る

欲求不満からこころを守るメカニズムは、意識的に行っているものではありません。無意識に近いものです。しかし、この項目を読んだあとでは「ああ、そういうこともあるなぁ」と思うことが多いはずです。無意識のメカニズムは、ジレンマに陥ったときや我を失いそうになったときに、知っておいて損はない知識です。

人間の行動は、欲求を満たすためのものです。食欲、性欲、睡眠欲といった生理的な欲求もあるし、仕事や趣味も、自己を実現させたいという欲求の表れです。ボランティア活動も、他人の役に立ちたいという自分の欲求が動機です。

欲求が充分に満たされると、欲求に伴う緊張状態は解除され、行動はいったん終結します。腹が減っていると感じれば、なにか食べると空腹は解消されます。

しかし、これがもっと高次元だと、欲求はなかなか満たされない場合が出てきます。たとえば「美人にモテたい」「成功して富裕層に入りたい」という欲求は、そう簡単に実現するものではありません。欲求不満、いわゆるフラストレーションは、自分では意識しなくても誰でも持っているこころの状態です。欲求が満たされないと、不安や緊張が続きます。抑うつや不安、焦り、緊張の大部分は、元を正せばこのフラストレーションに端《たん》を発することが多いのです。

自分の本心はこうしたいんだと思うことも、実際にはなかなかうまくいきません。「会社に行きたくないなぁ」という本心に従っていては、社会から落伍《らくご》してしまいます。しかし、会社で頑張って仕事をやり遂げたい、成長したい、これも本心だと思います。

この欲求不満状態、葛藤《かっとう》からこころを守る、あるいはうまく解消していく、これがこころを守る「防衛」メカニズムです。葛藤や不安を最小限に食い止め、上手に生活していく「適応」メカニズムともいえます。

このメカニズムには、十数種類のものがあります。その中で知っておくと便利なものは、抑圧、補償、置換、投射、反動形成、合理化、昇華の七つだとわたしは思います。心理学や精神分析の講義を受けたことがある人は、もしかしたら聞いたことがあるかもしれません。次の項目にまたがって、簡単に説明していきましょう

抑圧とは、文字通り、自分の欲求を抑えつけて、こころの奥底に閉じ込めてしまおうとするメカニズムです。欲求の中には、反社会的なものやバカバカしいものも多いはず

です。もっとも単純な働きですが、不安の原因になりやすく、防衛適応の効率はよくありません。

補償というのは、劣等感克服のために、反対方向の価値を実現しようと努力するメカニズムです。三島由紀夫が作家の文弱なイメージを克服しようと、晩年はボディビルに励んだのも、補償のメカニズムが働いていたのかもしれません。「営業が苦手だから、会計業務を勉強したい」など、わたしたちの行動の動機としても珍しくないこころの働きです。

ところで、友人や家族に八つ当たりしたことはありませんか?

八つ当たりが、置換というメカニズムの代表例です。自分や他人に承認されにくい感情を、他人に対象を移してしまうことを指します。上司には文句をいえないので、部下につらく当たってしまう、パワーハラスメントも、中間管理職の置換メカニズムによる場合が少なくありません。

抑圧、補償、置換だけでも、思い当たる節がありませんか。無意識で気づきにくいメカニズムですが、客観性をつける上では知っておいて損はない知識です。それでは次の項目では、残りの防衛メカニズムを紹介していきましょう。

26 見えないフラストレーションに注意する

自分のしたいことを強引に「抑圧」する。劣等意識を反対方向でカバーしようという「補償」。自分の怒りを他人に転嫁する「置換」。あまり聞こえのよくないメカニズムばかりです。

「投射」も、複雑であまり気持ちのよくないメカニズムです。つまり、自分の弱点や欠点を他人に見出します。その相手が自分に敵意を持っているかのようにとらえ、相手を憎悪《ぞうお》し攻撃します。些細《ささい》なことでイライラして語調が荒くなる自分の特徴が相手にもあれば、なにかあるとその欠点を攻めたてます。

自分の欠点を相手に見出し、マイナス感情を振り向ける。やや置換に似ていますが、あくまで攻撃の対象は「自分の」欲求、欠点です。それだけに、タチが悪いともいえます。自分の分身を、攻撃することになるのですから。

「開き直り」「負け犬の遠吠《とおぼ》え」に近いメカニズムもあります。「反動形成」です。自分の欲していることとまったく正反対の欲求を拡張させ、こころのバランスを保とうとします。自分の思い通りにならないときに、虚勢《きょせい》を張った経験はありませんか？　それが、反動形成です。

虚勢を張るまではいかなくとも、欲求がうまく満たされなかったときに、自分に言い訳をしてしまったことはあるのではないでしょうか。たとえば、第一志望の会社に就職できなかったときに、「あんなつまらない会社、落ちて正解だった」などと、理屈をつけることです。自己満足、自己正当化を「合理化」といいます。

これまで述べた六つの防衛メカニズムは、人間の精神の奥深くにあるマイナスのイメージがつきまといます。最後の「昇華」だけは、プラスのイメージを持っています。異性にモテたい欲求を実現するため、勉強やスポーツに励むという、青春マンガでもありそうなストーリーです。個人的な欲求を、社会的に認められている方向に変えていくところが、抑圧や補償などと異なります。

こころの「防衛」「適応」メカニズムは、ほかにもあります。しかしこの七つを知っておけば、自分の欲求が満たされないフラストレーションがどう処理されているか、自分がどのような処理の仕方を好んでいるかが、おぼろげながら客観的に把握できると思います。

これらのメカニズムが上手に働いているうちは、「うまく適応している」ことになります。しかし、間違った使い方をされたり濫用《らんよう》されてしまうと、社会生活にトラブルが生じてきます。抑圧ばかりでは、不安や抑うつが強くなってきます。補償や投射ばかりでは、組織の中で浮いてくるかもしれません。

「防衛」「適応」と書きましたが、あまりに過剰に「防衛」「適応」が進んでしまうと、「麻痺《まひ》」してきてしまうことになりかねません。最初はなじめなかった周囲の状況にも適応して慣れてきた、と書けば聞こえは悪くありません。しかし、逆につらい自分自身に「麻痺」してきている可能性もあるのです。

過剰適応は、自分自身の危険な状況に麻痺してきているともいえるのです。麻痺したまま放置しておくと、不眠や食欲低下など、からだの生理的機能に問題が生じてくるかもしれません。

こころのメカニズムを知っておいて、なるべく効率の低いメカニズムは少なくする練習を積み重ねていくべきでしょう。「抑圧」ばかりでなく、「昇華」も試みていく、などです。ここで述べたこころのメカニズムは、フロイトの精神分析理論から導かれています。無意識は意図的に変化できないと思われますが、注意すれば意識にのぼっている部分を増やせる、そのように考えています。

「投射」や「反動形成」は、ついやってしまいがちですが、我に返って反省する瞬間も持ちたいものです。

27 湧き起こった感情はノートに書き出す

これまで述べたこころの防衛メカニズムは、無意識的なこころの動きに注目していました。無意識から自分の注意が届く意識的なものにする方法は、そう簡単ではありません。抑圧から解放、反動形成の解消。言葉では簡単ですが、実行するにはどうすればいいのでしょうか。現代の精神医学、心理学は、思考や行動を対象とします。そのほうが、現実的だからです。認知行動療法が発案されたのもヨーロッパではなく、プラグマティズムの国アメリカでした。思考に、注目していきましょう。

人には、物の見方、考え方のクセが必ずあります。自分ではうすうす気づいている場合もあれば、まったく気がついていない、自己認識力を欠いていることもあります。

ジュリアス・シーザーの名言「人は自分の見たいものしか見えない」が説得力を持つように、人間には自分の都合のいいように解釈する特徴があります。いくら訓練しても、百パーセント客観的に自分を見つめることは、実は不可能なことなのかもしれません。

しかし、「他人ならばこう考えるだろう」と、自然科学者のように仮説を持つことは、日常生活やビジネスにおいても役に立つスタンスだと思います。

客観性は、人間の葛藤、すなわち悩みを抱えていたり、ジレンマに立たされたりしたときに重要度が大きくなります。人間は程度の大小はあれ、葛藤を抱えています。わたし自身ももちろん持っていますし、わたしが担当している患者さんも、自分の状態、社会環境の問題をなにかしら抱えている人がほとんどです。同僚、後輩、友人の間でも、家族やキャリア上の悩みを相談し合うことがあります。

余命幾ばくもないと宣告されたガンとの闘病、経済的に追い詰められている苦境、家庭内暴力で日々暴行を受ける惨状など、主観的にも客観的にも苦悩の絶対値が高い状態もあります。一方で、「今の仕事が合わない」「家族がもっと協力的ならば」など、どちらかといえば不適応、不満に近いレベルの悩みもあります。

不適応、不満のレベルならば、自分の認知の傾向を改善して、問題解決を図っていくことが可能です。ゆがんだマイナスの認知をプラス方向に修正する、うつ病や強迫性障害の治療法で注目を集めている認知療法で用いられるテクニックです。

認知療法については、保険適用も認められるようになり、一般書やウェブサイトにも紹介され、周知されてきた印象を持っています。ちょっとした失敗で「オレはもう終わりだ」と極論に走る「ゼロ百思考」など、自分の思考のクセを記録します。フィードバックを重ねることで、葛藤に対しても自分の考え方のクセにはまらないよう訓練していきます。認知療法は本来ならばトレーニングを受けた専門家の指導の下に行うのが理想ですが、本書は認知療法の教科書ではありません。認知療法のエッセンスを実践的に、日常生活に使えるようにすることが大切です。

忙しい日常生活でも使えるのは、「考え方のクセ図解」です。次頁の図のように三つの欄だけで大丈夫です。この方法ですと、難しい認知療法を気負わずに実行できるのがメリットです。これを知るだけでも、日常の感情コントロールをする上では、役立つと思います。

その中で、「ああ、自分はこういう考え方をすることが多い」と得心のいった考え方のクセを、充分に認識しましょう。持ち歩いている手帳でよく開くページにメモするのが、簡単にできる思考矯正法です。無地のノートに書き出すのもいいでしょう。

本格的な認知療法ならば、葛藤や怒りを覚えた事象、自分の自然な考え方や感情、考え方のクセの定義づけなどを、ノートに毎日書いていきます。しかし、毎日書くという作業は、長続きしません。感情記録で時間を食うようになってしまっては、逆に病的です。

図　考え方のクセ　図解

とっさに浮かんだ考え	考え方のクセ	考え直してみると？
こんなつまらない会社にいても意味がない、やめてしまいたい。	ゼロか百かの思考。白か黒とはっきりさせたがるクセ。	成功も地道な日常業務の積み重ねから。今の会社でできることを頑張ろう！

ただ、湧き起こった感情を実際になにかに書いてみるというのは、たまに行うとプラスの効用があります。自分の考え方のクセを知るのは「器」を大きくしていく隠れた練習でもあるのです。

28 イライラが爆発しそうなときは鏡を見る

無意識のメカニズム、思考のクセの把握など、精神分析や認知科学の知識と技法を書き連ねてきました。知識として持っておくことは、大切なことです。

しかし、現実は甘くはありません。仕事や家族など、日常生活にからんだ「葛藤」をまったく持っていない人はいないと思います。

「なにをやっても、どうしようもない」と思う思考のクセを把握していても、いざ現実の前には「なにをやっても、どうしようもない」と思い込んでしまう。蟻地獄《ありじごく》のようにマイナス思考にはまり込むことも、あるのではないでしょうか。

自分の意志ではどうしようもないと感じたら、あきらめるしかないでしょうか。いや、あきらめず、もうちょっと粘ってみましょう。他人の視線を使うのです。

面白い心理実験があります。実験を受ける被験者には、面接時に腹の立つようなことを言い渡します。「この実験参加のバイト料は、実はゼロ円でした」、などです。こんなことを通告されたら、誰だって怒るでしょう。ただし、怒りの表出が抑制される条件がありました。それは、怒った顔が被験者自身に見えるように鏡を置いた条件下においてでした。誰も、自分が血相を変えて怒っている現場など、見たくはないのです。

かといって、自分がムカついたときに鏡を急に取り出す、なんて行動を取ったら、怪しまれてしまいます。脳内で自分の怒っている、イラついている姿が鏡に映っている、そういうイメージ力を養うしかありません。自分のイライラしている姿が想像できなければ、身のまわりの怒りっぽい人が自分だったらなどと、想像してみましょう。

ひとりで勉強するとダラけてしまいますが、図書館など大勢の中だと緊張して勉強できる。他人に見られているときや、他人と同じことをするときに効率が上がることを「観衆効果」といいます。「観衆効果」は、勉強だけが応用範囲ではありません。感情コントロールにも、応用できます。

ムカついたときに、いつでも孤独になってクールダウンできるわけではありません。自分の姿が見られていれば、感情の爆発はある程度コントロールされ、結果的に客観性が上がってきます。自分が他人にどう見られているか、自分のテンパっている状況はどういう絵になっているかなど、「想像力」は案外重要なのです。この話は、ハーバード・ビジネス・スクールの人気教授であり、精神科医であるロナルド・A・ハイフェッツ教授が記した『最前線のリーダーシップ』（ファーストプレス）にある自己客観化と、矛盾はありません。彼は、「踊り場に上がってみる」理論を唱えています。

自分の価値観、感情は、なかなか自分では気がつかないところも多いものです。先ほど書いた周囲の環境への「防衛」「適応」が、いつのまにか客観化の力を「麻痺」させている可能性も充分あります。日常生活から、ちょっと離れてみる。パーティーでいえば、宴会場を抜けて「踊り場」に上がって、会場を見渡してみる、そういう感覚です。ゴミゴミしたパーティー会場に浸かっていては全体が見えない、という意味です。

スポーツでも同じ表現を見ることができます。サッカーの名選手は、あたかもピッチの上から眺めているように選手配置が見えるといいます。まさか、ハイフェッツ教授の講義は受けていないでしょうが、考えは共通しています。

ハイフェッツ教授はリーダーシップ論が専門ですが、彼の考え方はそれだけにとどまりません。感情コントロール面でも、豊かな示唆を与えてくれます。全体を見渡すことは、「器」を大きくするために大きな意味があるのです。

29 客観性を高めるアクティブ・リスニング

客観性を高めるには、当たり前のことかもしれませんが、独りよがりにならないように努めなければなりません。なかでも他人の話を聞くという作業は、客観性を身につける基本動作ともいえます。雑談ならばともかく、重要な場面のときに他人の話を漫然と受け身の姿勢で聞いていてはいけません。他人の価値観、思想、発言の背後にある感情などを、積極的に吸収していく動作が求められます。

積極的に傾聴するという意味の「アクティブ・リスニング」は、主に交渉に用いられる概念です。「自然状態で普通にやっていては、重要なことは聞けない」という発想から出発していますが、交渉や商談だけに限定される概念ではありません。わたしも日々の診療で、アクティブ・リスニングのエッセンスを使っています。

アクティブ・リスニングのポイントは、以下の三点です。第一点は、まずはこちらが聞く耳をしっかり持つ必要があるということです。当然のことと思われるかもしれませんが、話がこじれてくると、お互いに話を聞かなくなるという悪循環が生じてきます。相手が話を聞いてくれるのを期待する前に、自分が話をじっくり聞くというモデルを示したほうが、悪循環を断ち切れます。こちらが聞く耳を持てば、多かれ少なかれ向こうも話を聞かなければならないプレッシャーが生じてきます。

第二点は、相手に「話を聞いてもらってすっきりした」という充足感を持たせることです。人間はほとんどの場合「自分の話を聞いてほしい」という欲求を強く持っています。議論が進んでくると、話の内容や結論は二の次になって、とにかく今この場で「オレの話を聞いてほしい」という欲求を満たすことのほうが大事になってくるのです。

わたしも、似たような経験が何回かあります。一時間以上面談したにもかかわらず、「なにも話を聞いてもらえなかった」とクレームを言われたこともあれば、五分程度でも「よく話を聞いてくれた」と感謝される場合もあります。相手の受け止め方はさまざまですが、内容よりも相手の欲求の満足度が、議論の成否を決めてしまうことが多いのです。

最後の三点目は、これも当然だと思われるかもしれませんが、他人の話を聞くことは、最高の学習方法であり、効率のいい情報収集の手段であるということです。相手の話を学習のいいチャンスだと考え、幅広い好奇心を持つことはプラスになります。多くの情報を集めることで、批判的な視線が育ってきます。重要な情報と不要な情報とを識別する、キュレーション能力の向上にもつながります。

他人の話を積極的に聞いていくことで、他人に話をする技量もついていきます。ここで注意すべきは、他人に話すときには、過度に客観的データを入れ過ぎるのは禁物であるということです。医学に限らず社会、経済、会計もそうでしょうが、ビジネスはサイエンスに基づいているといっていいと思います。サイエンスを下支えするのは、客観的なデータです。ビジネスで、数字が入らないプレゼンはありえないでしょう。

ただし、データ偏重になってはいないでしょうか。脳科学が進んだとはいえ、感情や人間関係という、サイエンスだけでは計量できない要素も、人間社会にはつきものです。

医療の世界でも、データ重視のEvidence Based Medicineが主流です。しかし、検査重視で、医師・患者間の対話や診察といったぬくもりのあるコミュニケーションが、希薄になっています。これに対抗して、Narrative Based Medicineという概念が広まってきました。人間の生の「語り」に基づいた治療です。「腰が痛い」といって整形外科に行っても、レントゲンで異常はないので「様子を見てください」と言われるだけ。患者さんの悩みや苦しみは癒されません。Narrative Based Medicineの立場では、スキンシップに基づく診察や雑談や語りなど、自然な気持ちを伝え合うことも重要なのです。

データ重視と語り重視は、矛盾する概念ではありません。むしろ、互いに補完するものです。データしか重要視しないという客観性は、人間社会では弱さをはらんでいます。相手の話を積極的に傾聴し、データを重視しつつ語っていくプロセスは、人間味を帯びた強い客観性を育て上げます。

最後に、日野原重明《ひのはらしげあき》先生の言葉を紹介しましょう。

「医学というのは、知識とバイオテクノロジーを、固有の価値観を持った患者一人ひとりにいかに適切に適応するかということである。ピアノのタッチにも似た繊細なタッチが求められる。知と技をいかに患者にタッチするかという適応の技と態度がアートである。その意味で医師には人間性とか感性が求められる」

医学を自分の仕事に、患者をクライアントに置き換えても、不自然ではないと思います。データと語りは、サイエンスとアートの両輪です。器を大きくするには、サイエンスも重要ですが、アートの要素も必要だと思うのです。

S T E P **5**

それでも「いっぱいいっぱい」になったときの応急処置

30 クイック瞑想でいつでもクールダウン

「頓服薬《とんぷくやく》」という言葉をご存じでしょうか。頓服薬とは、食後など決まった時間に飲む薬ではなく、高い熱が出たときや頭痛がひどいときなど、症状が出たときに飲む薬のことです。

精神科の治療でも、頓服薬は欠かせません。眠れないときに飲む「不眠時頓服」、不安なときに飲む「不安時頓服」、イライラして興奮しそうなときに飲む「不穏時頓服」。入院患者を受け持つときは、これらの頓服薬を念のため準備しておきます。

お気に入りの頓服薬があれば、「いざというときに飲めばいい」という安心効果も生まれます。

わたしたちの日常生活でも、頓服薬があったらいいなという瞬間はないでしょうか。仕事がうまくいかずムシャクシャして、壁を殴《なぐ》りたくなったり、叫びたくなったり。落ち着かない、イライラ、焦り、不安、こういう状態のときに、頓服薬の必要性が出てきます。さっと落ち着ける薬のようなものがあれば、使えるものなら使いたいものです。

そんな便利な「頓服薬」はあるのでしょうか。古典的には、タバコやコーヒー、アルコールといった嗜好品《しこうひん》もある種の頓服薬でしょう。テレビのコマーシャル場面ではないですが、缶コーヒーを開けてちょっと一息。

深呼吸というのも、昔から使われていた方法です。深く吸って、深く吐く。深く長く吐くと、副交感神経が働いて心身の緊張を緩める効果があることがわかっています。副交感神経は、心身のブレーキ役です。ブレーキがよく利いて、スローダウンできるのです。

心理的なアプローチはないのでしょうか。「ムカつく」「テンパる」という感情は、他人や周囲の状況が自分の思い通りに動いていないことを意味しているともいえます。誰だって自分のペースを乱されたくないものです。とりわけ、うつ病や不安障害の人で、仕事での急な電話対応を嫌う人が多いのは、そのせいかもしれません。

かたちのある頓服薬のように、手軽で即効性のある方法はなかなかありません。ちょっと時間がかかって迅速《じんそく》な反応とはいきませんが、頓服薬の効果をもたらすようなテクニックはあります。「クイック瞑想《めいそう》」です。

瞑想というと、仏教僧が行う宗教的ニュアンスがあります。しかし、そこまで峻厳《しゅんげん》なものではありません。たった五分でいいので、静かなところに座って、周囲の物や人を眺めてボーッとする。それだけでいいのです。ただし、怒りのテーマを考えてはいけません。

本格的な瞑想をする余裕は、休日ならばともかく忙しい日常ではありません。しかし、多忙な日常の中にこそ、意識して「マイペース」に浸かる瞬間も、必要だと思うのです。瞑想が不安を鎮め、焦燥感を抑える効果があることは、東洋文化に関心の強いアメリカで研究が進んでいます。マサチューセッツ工科大学やハーバード大学などの研究者が、瞑想が痛みを抑えたり、不安を鎮めたりするのに効果があることを、脳波や機能的MRIを用いた科学的研究によって実証しています。

イライラしているなと思ったら、自分のスペースと時間を確保します。好きなドリンクでも買って、なにもしない時間を取ってみましょう。カフェインやニコチンはいけないなど、細かいことはいいません。できるだけ自分が楽になれる状態を作りましょう。胸が重くなったり動悸《どうき》まで感じたりする場合は、「落ち着こう、落ち着こう」と心の中で唱えてみます。

こういう練習を重ねていくと、つらいことがあっても「あとでクールダウンしておこう」という、正の循環ができてきます。イライラのマネジメントも習慣化してうまく働

「クイック瞑想」が不安やイライラを鎮める

くようになると、安心感も出てきます。

入院したばかりの具合の悪い患者さんは、頓服薬を多用します。しかし治療が進んで安定してくると、頓服薬をほとんど使わなくてすむようになります。頓服薬のようなその場しのぎに見える対策も、長い目で見ると重要な役割を果たしているのです。

31 怒っている人に煽られないようにする

怒りでいちばん損をするのは自分。こう書くと「なんだ、当たり前のことじゃない」と思われるかもしれません。しかし、当然のことがなかなかできないのが、現実です。

高度成長期のような右肩上がりに発展しているときは、部下を怒って育てる上司、生徒を叱って教える教師というモデルも許容される雰囲気がありました。怒りの背後に「成長して欲しい」という愛情が、稚拙《ちせつ》な表現形式ながらあったわけです。

牧歌的だった昔と異なり、「愛情のこもった」怒りは、減ってしまったように思えます。自分本位になり、相手のダメージをまったく斟酌《しんしゃく》しない怒りが、はびこっているように思えます。まさに「器の小さい」怒りです。自分本位なスタンスは、相手の怒りに対する許容力をも奪ってしまいます。ノーガードの打ち合いのようになってしまっては、お互いのダメージは深刻です。

怒った表情を見ると、感情の源である自分の扁桃体のボルテージも上がってきてしまいます。アメリカ・ペンシルバニア大学のグループは、いろいろな表情の顔を被験者にスクリーン上で見せて、見ている間の脳の活動を機能的MRIで解析しました。その結果、怒った顔を見ているときのほうが、普通の表情の顔を見ているときに比べて、扁桃体が活性化することがわかりました。自分の怒り装置もスイッチが入りやすくなるというわけです。

実際に顔を合わせていたり周囲の目があったりすれば、なんとかキレずに踏ん張ることもできるでしょう。しかしこれがインターネットの社会となると、別です。他人にバレない匿名性《とくめいせい》が、怒りを陰湿《いんしつ》な形で解き放ってしまいます。ブログやツイッターの「炎上」現象が、まさにそれです。

現代は、ソーシャル・ネットワークが発達した「つながり」の社会です。脳のシナプスのように無数のつながりが、予想もできない創造と可能性をもたらします。つながりを断ち切ってしまうのは、簡単です。怒りに左右されたポスト（投稿）をすれば、ブロックされてつながりは永遠に失われるでしょう。

現実社会でも同じですが、激しい怒りに翻弄《ほんろう》されていると、人とのつながりが断ち切られ、孤立してくるのです。

怒りの表情を目撃した人の扁桃体は、「闘争か逃避か」という反応を起こします。暴力沙汰《ざた》を避けるのが文明社会ですから、怒っている危ない人からは「逃避」することがほとんどでしょう。怒りっぽい人は、社会からも家族からもどんどん孤立していく悪循環に陥っていきます。

精神科の治療でいちばん大切な要素は、薬ではありません。その人の自然回復力（レジリアンスといいます。ステップ7で解説します）と、家族・友人のサポートです。家族に見放されてしまった単身の患者さんは、治療を行う上でも厳しいものがあります。自暴自棄《じぼうじき》になってしまい、回復しようというモチベーションが湧かないのです。

孤立した患者さんの背景には、見放さざるをえなかった家族の怒りがあります。見放された本人が、怒りの源泉であることがほとんどなのです。

怒りでいちばんダメージを受けるのは、自分自身です。怒りを持つことで、周囲の人々の扁桃体を刺激し、彼らを自分からわざわざ遠ざけてしまうことになります。逆に、笑顔と愛嬌《あいきょう》のよさは、人を引き寄せる効果があります。

「瀬戸際《せとぎわ》外交」のような振る舞いになっていないか、改めて怒りがいかに自分の「器」を小さくするかを、振り返っておきましょう。

32 いっぱいいっぱいになってしまった現場から物理的に立ち去る

怒りについて偉そうなことを書いていますが、「ではお前はどうやって怒りを処理しているんだ」という質問が当然出てくると思います。

いろいろ試行錯誤していますが、わたしがよく実行している方法があります。それは、いわれてみれば簡単なことです。いっぱいいっぱいになってしまった現場から、物理的に立ち去ってしまうことです。

怒りやイライラがふつふつと湧いてきたときにはいろいろと努力をします。息を吐く時間を長く取る深呼吸をしてみたり、「ここで怒っては、あとで後悔する」「ムカつくが、考え方を変えるとプラスになる」と思い直してみたり、合理化を試みます。

しかし、どうしようもないときがあります。合理化などの思考作業は、おそらくは人間の前頭連合野の機能であると考えられます。この前頭葉のコントロールが利かなくなるくらい、怒りに震えてしまうときです。

脈拍が早くなったり、呼吸が荒くなったり、こぶしをギュッと握りしめるなどの現象や行動が出てきたら、いっそう注意をしないといけません。しかし、注意する余裕すら失っている可能性があります。

そういうときこそ、扁桃体の機能を利用しましょう。「闘争か逃避」反応の中の「逃避」です。可能ならば、物理的に離れてしまうのです。

会社など職場には、必ず自分とはウマの合わない人がいるものです。時間を区切って、苦手な人とコミュニケーションを取っていくというスタンスもあります。ある程度は試みてもいいでしょうが、やはりあまりに難しく自分に負担がかかるようならば、その人とは話さない、近づかないなど、物理的な距離を取ってしまったほうが、気が楽になることはあります。

うつ病で休職していた患者さんに、職場への復職許可を出していいか迷うときがあります。治療や自宅療養によって不眠や意欲低下は改善して、仕事には戻れそうな状態です。しかし、この人がうつ病になった要因の一つに、圧迫的な上司の存在がありました。

この上司の下に再び戻るようであれば、療養の効果は吹っ飛んでしまうでしょう。職場の人事担当や産業医とも相談して、別の部署に異動させるなりの調整をする必要があります。単にうつがよくなるだけでなく、職場に戻れる状態になるには「休養」「薬剤」だけでは不十分な場合が少なくありません。職場の「人間関係の距離」を確保してあげないと、復帰がうまくいかないケースが多いのです。

距離を取るというのは、精神科ではよく使う表現です。家族からの距離を取る、上司からの距離を取るなど、人間関係の距離を意味しています。ただ、「距離を取る」というのは、便利な表現である一方、曖昧《あいまい》で具体的にどうしたらいいのかはっきりしない嫌いがあります。

それならば、一時的に立ち去ってしまう、場を外してしまうというのは、明快な行動です。ずっと永遠に逃亡してしまうわけにはいきません。しかし、一時的にでも修羅場《しゅらば》を離れることは、最善の策であることも多いのです。

トイレに行くフリをしても構わないと思います。イライラしているということを相手に悟られたり、キレたりするよりは、よほど生産的だと思います。いっぱいいっぱいで危険なときは、逃避戦略を取ってみましょう。豊臣秀吉のように、器の大きい名将は「逃げの達人」でもあるという史実もある、というのは、ちょっと強引でしょうか。

33 根拠のない自信を持つ

脳科学者・茂木健一郎氏の「根拠のない自信を持て」という、有名なフレーズがあります。この言葉は、さまざまな人のブログやツイッターで解釈、批評が行われていますが、多くの人たちのマインドを勇気づけていることは間違いありません。

逆に「根拠のある自信」というのは、計算に満ちた老獪《ろうかい》なものといえるかもしれません。根拠のない危なっかしさと将来性が、人を引きつけるのだと思います。

いっぱいいっぱいになったときの対処法として、「とにかく大丈夫だ」と妄想的に思い込むことは、間違いではないと思います。たとえ準備や経験が不十分であったとしても、です。

自信がないというのは、自分が傷つきたくないというこころの防衛機制、先に述べた「合理化」に近いでしょう。研修医で「わたしは経験不足なので」と言う人が少なくありません。わたしもそうでした。それは上司や患者さんに対してではなく、自分を殻に包んで守りたい、自己愛の表れという見方もできるのです。

言い訳を考えず、もっと子どものように素直に自信を持ちましょう。哲学者フリードリッヒ・ニーチェの言葉ではないですが、「重力の魔」に負けてはいけないのです。ツァラトゥストラのように、自分の意志を肯定的に受け止めるのです。

精神医学では、精神状態を表す用語で躁《そう》状態という言葉があります。主に躁うつ病（現在の正式な病名は、双極性障害です）の症状で、文字通りハイテンションで、よくしゃべり、数日間眠らないで活動しまくることも可能です。その躁状態には、誇大妄想の症状も見られる場合があります。

「オレはここの社長だから、なにをしてもいいんだ」「今度のビジネスは必ず成功して億単位の儲《もう》けが出るから、フェラーリを買おう」など、実現が怪しい誇大的な妄想がどんどん出てきます。

精神科医でなくても、一般人の誰から見ても、実現が百パーセント不可能なものもあります。「来週に総理大臣になる」は、荒唐《こうとう》無稽《むけい》です。しかし、躁状態でも症状が一段階軽い「軽躁状態」ですと、「ひょっとしたら実現できるかも」という内容のものが多く、実際に実現してしまう事例が少なくないのです。

誇大妄想に取りつかれているときは、失敗の可能性などはまったく頭にありません。

生命の全エネルギーを自分のやりたいことに傾注《けいちゅう》しています。他人の注意や訂正、助言も受け入れません。過去の偉人がなにかをはじめるときの苦労も、似ているように思えるのです。

野茂英雄選手がメジャーリーグに挑戦するときも、やれ無謀《むぼう》だのと、批判されました。成功する可能性を詳細に分析して確率を割り出し、渡米したわけではないでしょう。

不思議なことに、躁状態についての脳科学・精神医学的なメカニズムは、ほとんどわかっていません。うつ状態と違って、調子が高いのでなかなか協力を得られず、検査をするのが難しいことが大きな原因です。誇大妄想がどういうメカニズムかも、ドーパミンが関係しているなどの仮説はありますが、まったく不明といっていいでしょう。

したがって、「自信」というものも、科学的根拠に乏しいものということもできるでしょう。いざ苦しい場面を迎えてしまったときは、「大丈夫だ」と根拠なく考えて、乗り切る工夫を考えましょう。

当然、自信は崩れたり失われたりするものです。そこで、努力を重ねていくわけです。野茂投手も茂木先生もそうですが、根拠のない自信を持っているだけではありません。日々の努力を重ねて、なるべく「根拠のある」自信に近づけていこうとしているのです。

躁状態があたかも仕事が進むいい状態のように書きましたが、実際はそう甘くはありません。躁うつ病の躁状態のあとには、ほとんど必ずといっていいくらいうつ状態が待ち受けています。「根拠のない自信」は、努力のモチベーションと考えるほうが賢明だと思います。努力を継続して、「ある程度根拠のある自信」に変わっていけば、「器」が大きくなってきている証拠だと思います。

34 見知らぬ土地を歩いて脳に新しい地図をつくる

歩くことに精神の安定を求めた先人は少なくありません。哲学者のイマヌエル・カントや西田幾多郎は、散歩中の思索を重んじていました。医学の祖であるヒポクラテスも、「歩くと頭が軽くなる」という言葉を残しています。

哲学者や医学者だけではありません。「ブラタモリ」「ぶらり途中下車の旅」など、町歩きをテーマとしたテレビ番組も、根強い人気を持っています。歩くことは、アイデアを思いつくだけでなく精神の安定にとっても、軽視できない動作です。

単純に歩くだけでも、健康にとって悪いことではありません。軽い運動でいちばん取り入れやすいのは、ウォーキングです。軽く脈拍が上がるくらいに速めに歩くことは、有酸素運動となるので健康にいいのは、いうまでもありません。からだだけでなく、脳すなわち精神面でも、効果が確かめられつつあります。

歩くような単純でリズミカルな運動は、脳内のセロトニン神経を活性化することがわかっています。イギリスの保健機関による治療ガイドラインでは、軽度のうつ病に対しては、抗うつ薬をいきなりはじめるよりも、軽い運動を導入するなど生活習慣を見直すことを推奨しているくらいです。

しかし、ここでわたしが提案したいのは、見知らぬ街や土地を少し歩いてみることです。

単純なリズミカル運動がセロトニン神経を刺激すると書きました。しかし人間、セロトニンだけで生きているわけではありません。同じ場所を歩いてばかりで単調になってしまっては、「刺激」という意味では、感受性が鈍ってきてしまいます。刺激が減ってマンネリになってくると、脳の感受性も自動的に落ちてきます。これを、「ダウンレギュレーション」といいます。

通勤や買い物などで、毎日ある程度は歩いていると思います。しかし、それはあくまで「生活で必要だから」など、やむをえず歩いているというニュアンスが強いウォーキングです。仕方がないからでは、楽しさや喜びはまったくありません。

東京に住んでいると東京タワーにほとんど行かないように、自分の住んでいる土地のよさに気づいていないことが多いのです。休日にちょっとだけ車や電車で移動して、めったに行かない街や初めての土地などの光景を見ながら、おいしいものを食べて、歩いてみましょう。

「楽しい」というドーパミン報酬系の働きを、歩くという行為にも持ち込みたいのが、わたしの歩くことに対するアイデアなのです。

休日に出かける機会を作ってみましょう。隣町でもいいくらいです。自分の住んでいる土地の近くにこそ、新たな発見があるものです。この意外性によって、脳の感受性も保たれます。歩くことによって、精神面での安定性も高まります。

急場でテンパったときにも、歩くことを取り入れるという工夫もあります。緊張する場面を控えているときは、落ち着かずじっと座っていられないものです。そういう場合は、ゆっくり単調に廊下などを往復して歩いてみるのも、緊張を和らげる効果があると思います。

しかし、歩くということも、もっと長いスパンで考えるべきでしょう。歩くという作業は、毎日行っている動作であり、習慣です。急ごしらえで歩いたからといって、不安や緊張がすぐに消えるというわけにはいきません。

このところ歩く時間が少ない、あるいは通勤経路ばかり歩いていて、ほかの場所を歩いた記憶が最近ない。こういう人は、違う場所を積極的に歩きましょう。

関東圏以外でも、「一日散歩」の類いの本は書店に並んでいます。年寄り臭いと思わずに、積極的な散歩を、はじめてみませんか。

35 焦ってきたら、話し方を「ゆっくり、はっきり」と意識

戦場カメラマンの渡部陽一さんは、ゆったりとした独特の話し方で人気を得ています。スピードの遅いしゃべり方と、危険と隣り合わせの過酷な戦場が活動の場であるということとの意外性、ギャップが、人気の源だと思います。

戦場に近いといっていいのでしょうか。スピーディーな判断を求められる救急現場や、一ミリの間違いも許されない緊張感を伴う手術を行う医療も、スリルあふれる現場です。わたしの印象ですが、能力的にも人格的にも優れている外科医や救急医は、話し方も落ち着いていて、渡部さんほどではないですが、ゆったりして余裕があるように思います。

どの業界でもそうかもしれませんが、修羅場をくぐり抜けている人は、余裕があるように見えるのです。のろいという印象は与えず、周囲に落ち着いた雰囲気を醸《かも》し出すのです。

戦場や手術現場のような修羅場では、焦りや油断は禁物です。焦っているときは、交

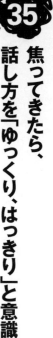

感神経が活発になっています。血圧や心拍数を上げるアドレナリン、恐怖や注意の神経伝達物質であるノルアドレナリンの活動が、活発になります。

アドレナリンやノルアドレナリンが、適度に機能するのは悪いことではありません。いい意味での緊張感、集中力につながります。しかし、アドレナリンやノルアドレナリンが過度に働いてしまうと、動悸、手の震え、声のうわずり、異常な発汗など、からだに表れてきます。からだの機能が、すべてスピードアップして暴走している状態ともいえるのです。

そういうときだからこそ、遅くすることを意識して行う必要があるのです。漠然とすべてをゆっくりするのではなく、まずは「ゆっくり、はっきりしゃべる」ことをこころがけてみましょう。話すという動作は、スローダウンのための具体的な行動目標です。

ゆっくり、はっきりしゃべることは、他人とのコミュニケーションの失敗を防ぎます。焦って早口になってしまって、語尾もはっきりしなくなると、思わぬ意思伝達の齟齬《そご》をきたすことがあります。戦場や手術で意思疎通の失敗があれば、命にかかわる重大な事態です。

ですから、修羅場を経験している人は、ゆっくりしゃべることを会得《えとく》してくるのだと思います。これをヒントにすることは、間違いではないと思います。焦りを感じたら、話し方を「ゆっくり、はっきり」とするようにこころがけてみましょう。

なかなか自然にできるようには、ならないかもしれません。意識してゆっくり、はっきり話すことが、必要だと思います。自分の平素の話しぶりを、ボイスレコーダーなどで録音してチェックしてみるのも、恥ずかしいですが、自分の欠点が見えてきます。

家族や部下に「なに?」とよく聞き返される人は、声がくぐもっているだけでなく、焦って早口になっている可能性もあります。

からだのアクセルをふかすような働きの交感神経は、興奮や緊張で自然に活発になります。しかも、動悸や手の震えなど、働きがわかりやすい特徴があります。しかし、ブレーキ役の副交感神経は、イメージするのが容易ではありません。深く吐く呼吸をすると副交感神経の働きが強まり、心身のスローダウンに効果があるといわれています。しかし、はっきりした効果は実感しづらいこともあると思います。

一度深呼吸をして、ゆっくり、はっきりしゃべるように努力してみましょう。ゆっくりしただけでは不十分ですが、はっきりしゃべることにより、相手に好印象を与えることができます。自分のしゃべり方に呼応して、相手もゆっくり、はっきりしゃべるようになってくれれば、しめたものです。コミュニケーションの相乗効果が、ゆっくりしゃべることで得られるのです。

36 苦しいときほど陽気さをアピールしよう

焦っているときには、動きを意識的にゆっくりしよう、遅めようという話をしてきました。ゆっくり動くことで、活発すぎるアドレナリンやノルアドレナリンを抑えるのが目的です。自分がゆったり話し動くことで、相手の動きもゆったりさせる相互作用も狙っています。

この方法の上級編は、苦しいときほど明るさを失わないことです。陽気に振る舞うぐらいで、ちょうどいいかもしれません。

これまでは、人間の感情でもどちらかといえば「イライラ」や「怒り」に目を向けてきました。「喜怒哀楽」といいますが、感情のパワーからすれば「怒哀楽喜」の順番かもしれません。これはわたしの医局の先輩の泉谷閑示先生が、『クスリに頼らなくても「うつ」は治る』（ダイヤモンド社）に書いていた表現ですが、これを読んで「その通りだ」と、わたしは強くうなずいてしまいました。

「喜び」「楽しみ」という感情には、ドーパミンが関係する快楽・報酬系が働くと説明してきました。自分の快楽・報酬系を働かせることもモチベーション維持には重要ですが、組織やチームの成功には、他人を喜ばせることが肝心です。喜びや楽しみを他人にわかるように表現して、シェアできなければいけません。

怒りや悲しみをシェアする瞬間も必要かもしれませんが、ずっと共有し続けることは、つらく士気の下がることでもあります。いっぱいいっぱいのときこそ、明るく陽気に振る舞う訓練をしていきましょう。自らのエネルギーを高めるのはもちろんですが、それよりも周囲の人があなたを助けようと寄ってくるはずです。もしくは、陰ながらの支援者となってくれるだけでも、精神的に楽になります。

経験論ですが、暗くて陰気な人のまわりには誰も寄ってこず、陽気に苦境を乗り切ろうとする人には、運も人も寄ってくる可能性が大きいのです。

陽気に頑張る人に共通するもの、それは笑顔です。脳が笑顔を認知することは、泣き顔や怒り顔などを認知するよりも正確であるといわれています。笑顔が周囲を幸せにする科学的理論は、今流行りの「ミラーニューロン」理論を使って説明されることが多いと思います。しかしミラーニューロンは、元々はサルの運動野《うんどうや》から発生した理論です。人間の感情や判断などの高次機能にこの概念が応用できるかは、今後の研究結果を待たないといけません。
笑顔など表情を認知する脳部位は、「紡錘《ぼうすい》状回」といわれています。側頭葉の底の部分にあたり、感情の源である扁桃体と密接なつながりがあるところです。顔の表情や顔色から相手の感情を読む働きをしているのも、この紡錘状回というところだと考えられています。

怒った顔を見たときは、この紡錘状回が表情を認知し、「こいつはヤバい」と恐怖や不快感が生じます。このときは、扁桃体が活性化していると考えられます。一方で笑顔については、メカニズムの解明はまだ充分ではありません。しかし、恐怖や戦慄《せんりつ》を感じる扁桃体が「感じがいい」と反応し、「この人のためにやってやろう」というように働く可能性があるのです。利他的であると同時に、「相手の役に立つことで、自分の満足感を得る」という、自分の欲求も満たす報酬・快楽系にもつながっています。

そうすると、笑顔は苦境を克服する魔法といえるかもしれません。映画でもよく見られるシーンですが、アメリカ人は苦境に陥れば陥るほど、アメリカンジョークが冴《さ》え渡ります。絶望的な中にも明るさとユーモアを忘れない習性は、フロンティア・スピリットで困難を乗り越えてきたアメリカ人ならではの智恵《ちえ》なのかもしれません。

これを読んで、急にピンチを陽気に乗り切れるとは思いません。しかし、笑顔が、余裕を生み出すのは間違いありません。焦ってキレまくったり、オロオロうろたえてしまい醜態《しゅうたい》をさらす、これではまわりから人は逃げていってしまいます。不愉快な人物を見ると、「こいつヤバい！」と扁桃体が反応して、「こいつについていても得にならないな」と周囲が離れて孤立し、報酬・快楽系からも見放されてしまうのです。

見方を変えれば、苦しいときほど陽気さをアピールし、まわりを味方につける絶好のチャンスなのです。

STEP 6

睡眠中に脳内にたまった感情をリセットする

37 睡眠不足は人の器を小さくする元凶

若い頃は多少の睡眠不足も、気力でカバーしていたという人が少なくないかもしれません。徹夜で資料整理やプレゼンテーションのスライド作り。三十代前半までは、寝不足も根性で克服できるかもしれません。しかし、徐々に睡眠不足は、健康や仕事のパフォーマンスに影響を及ぼすようになります。

一般の人向けに睡眠をテーマにした講演をすると、講演のあとの質疑応答や雑談で「新人の頃は寝不足でも大丈夫でしたが、最近はキツいですね」「睡眠もやっぱり老化するんでしょうか」という嘆きの質問や感想をよく受けます。

わたしの印象では、三十代半ば、遅くとも四十歳前後で、睡眠の老化を自覚する人が多いように思います。では、そもそも睡眠の老化とは、どういう症状でしょうか。

わかりやすいのは、みなさんの祖父母、ないしはご両親の睡眠状態でしょう。年を取るほど、早寝早起きになってきます。睡眠の質も悪くなってきます。トイレが近くなるといった要因も合わさって、若いときほど深く眠れなくなってきます。

四十歳前後は、睡眠の老化を自覚する年代であると同時に、社会的な責任も重くなってくる世代でもあります。仕事では、中間管理職、なかには起業して会社のトップに立っている人もいるでしょう。部下を使うストレスが大きくなってきます。家庭では、子どもの教育のことを本格的に考えなければならない時期だと思います。自分のからだの健康問題も、顔を出してくる頃です。

四十代特有のストレスは、うつ病の要因の一つを占めると考えられています。若いときのようにがむしゃらに仕事に励む、あるいは自分探しの苦悩とは違った重圧に苦しんでいる人が、少なくないのです。

こういった心理的なプレッシャーがかかっている中で、睡眠不足は思わぬ大敵になります。睡眠不足の状態では、怒りや恐怖の発生源である扁桃体が活性化してきます。そして、判断や問題解決に重要な前頭前野の活動が、落ちてしまうのです。

ＭＲＩを用いた多くの実験結果が、睡眠不足による前頭前野の機能低下、扁桃体の活動増加を、示しています。ステップ２で紹介したアメリカ・カリフォルニア大学バークレー校のマシュー・Ｐ・ウォーカー教授らのグループによる研究を、もう一度見直してみましょう。

被験者を「睡眠充分のグループ」と「睡眠不足のグループ」の二群に分けます。双方の被験者に、凄惨《せいさん》で不愉快な場面の映像を見てもらいます。その結果、「睡眠不足のグループ」の場合は、扁桃体が異常に活発な反応を示しているのに加え、前頭前野の機能も低下し、前頭前野の抑制機能が働かなくなっていたのです。

人間のストレス反応の基本メカニズムは、脳の視床下部《ししょうかぶ》、下垂体《かすいたい》、副腎《ふくじん》に含まれる副腎皮質の三つの部位から説明されます。この三つは、英語の頭文字をとって「HPA軸」と呼ばれています。コルチゾルというストレスホルモンは、脳からのストレス刺激を受けると、このHPA軸を伝って、副腎皮質から分泌《ぶんぴつ》されます。この脳からのストレス刺激に、怒りの感情の発生源である扁桃体が強く関与しています。

うつ病でも、このHPA軸が過剰に働いているという仮説があります。脳＝扁桃体からのストレスに過敏に反応してしまい、その結果ストレスホルモンも過剰に分泌されてしまいます。ストレスホルモンのコルチゾルは、適度ならば緊張や免疫機能の維持に役立ちます。しかしオーバーに働くと、脳の神経細胞にダメージを与えたり、脳由来神経栄養因子の機能も落としてしまったりすることが知られています。

HPA軸の過活動は、睡眠に表れてきます。具体的には、寝つきが悪くなる、睡眠が浅くなる、悪夢をよく見るようになる、です。睡眠不足が、さらにHPA軸を刺激して、

人間のストレス反応のメカニズム

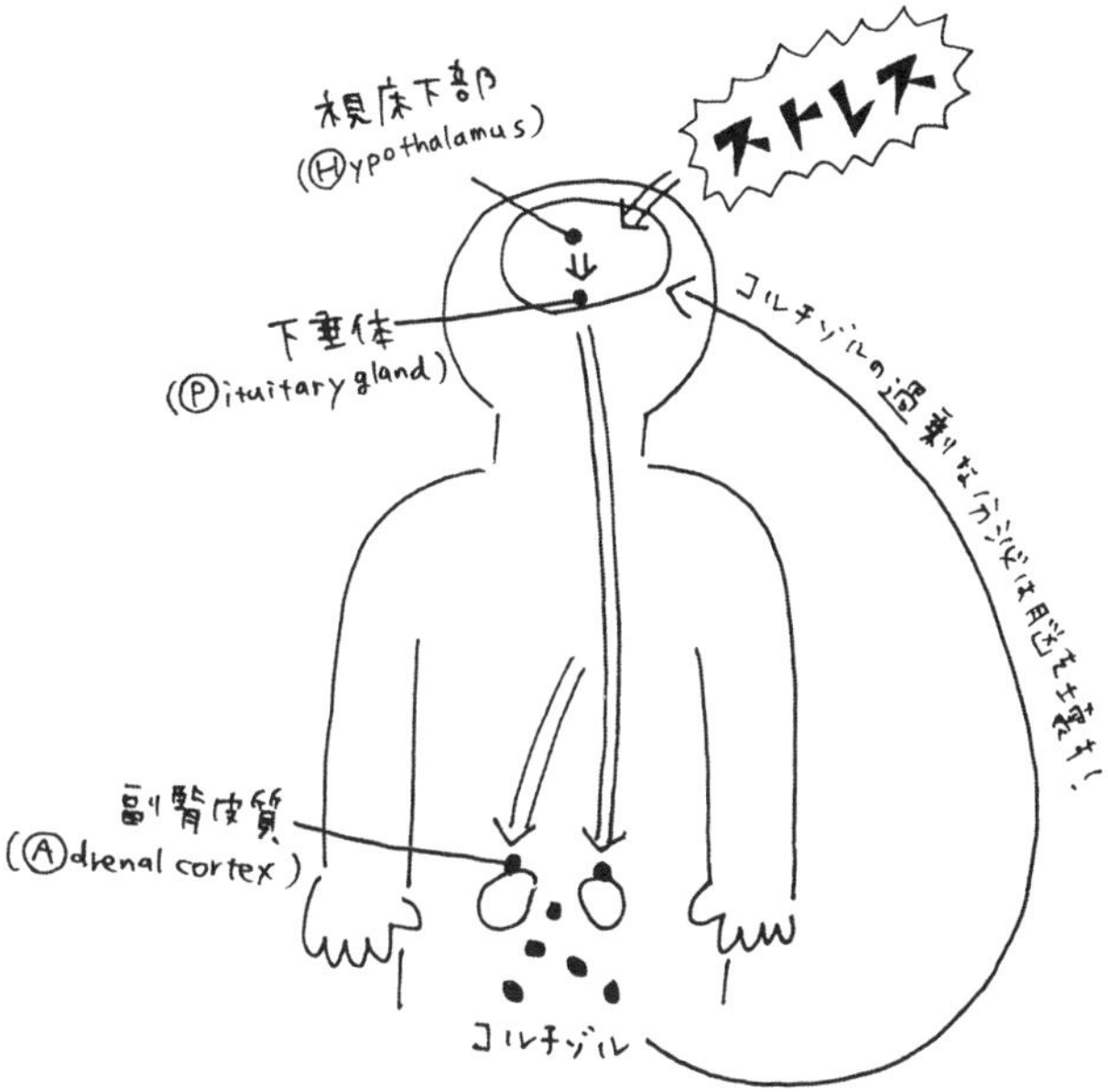

人間はストレスを感じると、ストレス・メカニズムであるHPA軸が過剰に活動し、コルチゾルも過剰に分泌されてしまう

脳もからだもストレス状態に置いてしまうのです。そして、前頭前野の抑制機能を落としてしまい、イライラのエネルギーも強まります。自分でも想定していない状況で、暴言や暴力といった「行動化」を起こしてしまうことにもなりかねません。

いい中年が、酔った勢いで電車やタクシーで暴力沙汰《ざた》を起こしてしまうのも、アルコールが入る前にこういった背景があるためかもしれません。睡眠不足によって、大事な人生を棒に振っている人が、少なくないように思うのです。

38 「イメージ・リハーサル」でイヤな感情を消す

内容は人それぞれでしょうが、毎晩のように悪夢に悩んでいる人もいると思います。悪夢がなにを意味するのか、またその対処法について、考えていきましょう。

前項では、ストレスを感じると、人間のストレス・メカニズムであるHPA軸が過剰に活動し、不眠や悪夢といった睡眠の問題が生じることを示しました。精神的なストレスを語る上で、必ず触れなければならないこころの病気があります。外傷後ストレス障害、いわゆるPTSDです。東日本大震災でも、ふたたび関心が高まり、理解と治療、予防の必要性がクローズアップされています。

PTSDとは、震災のように凄惨で過酷な出来事で、人としての尊厳を損なわれるような体験をしたり目撃したりすることで生じる、こころの病気です。大災害や戦争体験、犯罪被害、暴力・虐待行為など、強い恐怖感を伴う経験によって、耐え難い記憶が刻み込まれます。忘れたくても忘れられない、こころの「外傷」ともいえる恐怖や戦慄《せんりつ》に満ちた体験や記憶、これを「トラウマ体験」といいます。

このトラウマ体験が続くことによって、さまざまなこころの不調が生じてきます。トラウマ体験を強く思い出してしまうようなフラッシュバック。あるいは、トラウマ体験を思い出させるような場所を避けてしまったり、イライラしたり怒りっぽくなったりしてきます。

PTSDの代表的な症状に、悪夢があります。同じテーマの悪夢を、くり返し毎晩見るようになります。家族を目の前で失った場面など、これ以上ないつらいイメージの場合がほとんどです。

悪夢でうなされて起きてしまう、あるいは起きたあとも悪夢の内容をしっかり記憶していて、寝起きがよくない状態が続くという症状は、PTSDではよく見られます。悪夢怖さに、寝るのが怖くなってしまう人も少なくありません。

悪夢は、PTSDに限りません。うつ病やストレス負荷の大きい適応障害の人にも、くり返し同じテーマの悪夢が現れることがあります。上司に怒鳴られる、会社が倒産するなど、現実的な場面の夢を、一晩だけでなくほとんど毎晩見るというケースもあります。こうなると、起きたあとも汗でぐっしょり、疲れ果てて朝を迎えることになります。

それでは、悪夢への対策はあるのでしょうか。次の項で詳しく説明しますが、悪夢はレム睡眠中に見られることがわかっています。ＰＴＳＤやうつ病の患者ならば、レム睡眠を短くする抗うつ薬の投与を考えます。ほとんどの抗うつ薬には、レム睡眠を短くする作用があります。

薬以外に、現実の生活で悪夢の精神的な悪影響を振り払う方法はないのでしょうか。ないことはありません。「イメージ・リハーサル」という方法が、治療手段としても採用されています。

イメージ・リハーサルとは、悪夢を打ち消すようなストーリーや、こころが落ち着く場面が描かれた絵を描いておいて、寝る前に読み返したり、思い出したりする方法です。厳密に定まったマニュアルはありません。変えたい夢の内容をはっきりさせるのです。

イメージ・リハーサルは、主にＰＴＳＤの治療に用いられており、結果の実証も行われています。アメリカ・ニューメキシコ州の睡眠健康センターのグループが、「米国医師会ジャーナル（ＪＡＭＡ）」に報告した研究結果によると、ＰＴＳＤ患者にイメージ・リハーサルを導入したグループとしないグループとで、悪夢など睡眠の質がどう変わったかを比較しました。その結果、イメージ・リハーサルを行ったグループは、行わないグループに比べて一週間に悪夢を見た回数、日数が減少したのです。

この研究で導入されたイメージ・リハーサルの方法は、以下のようなものです。

まず、悪夢の内容を書き出したあと、こう変えたいという新しい「良夢」についての内容を書き出します。そして、新しい「良夢」を十〜十五分間くり返しイメージするトレーニングを行います。イメージトレーニングの間、悪夢と悪夢をどう変えたかについて簡単に書き出します。このトレーニングを毎日行っていきます。

上述のプログラムは、PTSDの治療手段としてのイメージ・リハーサルです。現実的には、ここまで厳密に行う必要はないでしょう。新しい「良夢」の内容を具体的に絵に描いたり文で記述したりして、「この夢を見よう」とベッドに入る前にイメージトレーニングしていくということだと思います。ハワイや沖縄でのんびりしている情景でもよし、おいしいレストランで食事をしている場面でもよし、ゴルフでバーディーが続くストーリーでも、なんでもかまいません。こう変えたいという夢の内容を決めて、イメージトレーニングを重ねてみましょう。

夢見が悪いときは「イメージ・リハーサル」を

39 睡眠中に脳は高度な情報処理をする

悪夢も含めて、感情の入った内容の豊かな夢は、レム睡眠中に見ることがわかっています。現在では、レム睡眠以外のノンレム睡眠でも夢を見ることが明らかになってきていますが、内容は断片的なものが多いとされています。

レム睡眠のレム（ＲＥＭ）は、急速眼球運動（Rapid Eye Movement）の略語です。睡眠中に、目がキョロキョロすばやく動いていることから、こう名付けられました。目は動いていますが、筋肉の緊張はありません。レム睡眠時に目が覚めてしまうと、からだはまったく動けない「金縛り」になってしまうこともあります。

夢がレム睡眠中に見られることが実証されたことで、記憶や感情の処理がレム睡眠中に行われるのではないかという仮説が立てられました。心理学者のセイモア・フィッシャー博士が唱えた「精神力動仮説」です。

一九六六年にフィッシャーは、「夢は本能的衝動を放散させるために生起する」としました。レム睡眠は外界の緊急事態に備えている準備状態であり、夢は警告を発している機能だと考えたのです。

フロイトの影響を受けたこの理論は、レム断眠実験の結果によって支持されるようになりました。レム断眠とは、レム睡眠を選択的に遮断《しゃだん》することです。脳波でレム睡眠になったところで、起こして目を覚まさせるのです。

レム睡眠だけを選択的に遮断すると、どうなるのでしょうか。レム断眠を行うと、食欲や性欲が亢進《こうしん》したり、感情のコントロールが不安定になり、ハイテンションの軽躁《けいそう》状態になったり、ひどく怒りっぽくなったりする結果が相次いだのです。

では、レム睡眠が長ければ長いほどいいのでしょうか。それは、間違いです。レム睡眠は、ストレスの指標でもあるのです。たとえば、うつ病の人の睡眠を調べると、健康な人に比べてレム睡眠が長いことが確かめられています。PTSDの人のレム睡眠も、一定して出現せずバラつきがあるのですが、健康な人よりも長くなることも報告されています。

ストレスが加わるほど、レム睡眠が長めになることは間違いないようです。ストレスによって、ストレス反応の基本メカニズムであるHPA軸の機能が高まり、ストレスホルモンであるコルチゾルの分泌が多くなります。このHPA軸の機能亢進が、レム睡眠を増加させるのではないかと考えられています。うつ病が改善してくると、レム睡眠も正常化してきます。治療薬である抗うつ薬には、レム睡眠を短縮する効果があります。

要は、レム睡眠が短すぎても長すぎても、よくないということです。健康な人では、レム睡眠は全睡眠中の二十〜二十五パーセントを占めています。レム睡眠の特徴は、急速眼球運動です。うつ病では睡眠中、活発に眼球が動いているという研究結果もありますが、ストレスによってどうして急速な眼球運動が見られるのかは、わかっていません。ただレム睡眠は、主に不愉快な感情を伴う記憶の処理に、重要な働きをしていることは確かです。

悪夢を見ることが多くなってきたという場合は、レム睡眠中の感情処理に問題が起きてきているサインかもしれません。一回だけならば心配の必要はありませんが、毎晩悪夢を見るようであれば、ストレスによってＨＰＡ軸が過度に働いて、レム睡眠が長めになっている可能性もあります。

「仕事のストレスも、ほかの人と同じくらいなんだけどな」と、自分のストレスの程度を認識していない場合もあります。しかしそれは、他人との比較論です。今の自分のストレスの受容力が、落ちているせいかもしれません。

誰しもストレスを否認したい気持ちがないわけではありません。「オレはストレスに弱い人間ではない」と強がっても、睡眠はウソをつきません。眠れない、眠りが浅いといった不眠だけでなく、悪夢も注意すべき症状です。

しかし、フロイトのように夢の内容を深読みすることは、科学的には否定的な傾向にあります。トラウマ体験の悪夢は理解できますが、荒唐《こうとう》無稽《むけい》な内容を自分の人格や育ちに原因を求めて、分析しすぎてしまうのは、ナンセンスです。

最近では、夢など睡眠中の脳の働きを「デフォールト・モード・ネットワーク」という概念で説明しようという仮説があります。目標を持って活動しているときや課題を達成しようという活動の真っ最中には、このネットワークの神経細胞は鎮静化しています。

しかし、いったん安静・休息状態に入ると、この脳部位が活発に活動するのです。

まだこれぞという脳部位は特定できていませんが、脳の前頭葉内側部などが候補として考えられています。

もう少しわかりやすく説明してみましょう。「目前の課題・目標のはっきりした仕事をどんどんこなす」ネットワークと、「自分を振り返ったり、反省したり、将来を考えたりする内省に用いる」ネットワークの、二つの脳神経のネットワークがあります。後者がデフォールト・モード・ネットワークの機能です。自分の過去と未来を考えながら、情緒、思考面で人間の中身を豊かにする機能でもあります。まさに「器」を大きくするネットワークです。

人間は、寝ていたり休んでいたりするときにも、高度な情報処理機能を果たしているのです。

40 ノンレム睡眠で記憶力を高める

レム睡眠と感情処理、悪夢については、ストレス研究により関連性が見出せています。では、レム睡眠以外の睡眠状態はどうなっていて、どういう機能を持っているのでしょうか。

レム睡眠以外の睡眠は、ノンレム睡眠と総称します。名前の通りレム睡眠以外の睡眠という意味です。ノンレム睡眠にはうたた寝のような浅い睡眠もあれば、ぐっすり眠ってなかなか起きることのできない深い睡眠も含まれます。このノンレム睡眠が、「器」を大きくする上で大切な意義を持っています。

二〇〇〇年頃までは、レム睡眠ばかりに研究者や医療者の関心が集まっていました。うつ病でレム睡眠が長いこと、夢と記憶との関連性などがわかり、睡眠中に急速眼球運動という不思議な現象のあるレム睡眠に、睡眠の謎《なぞ》を解く鍵があると思うのは、自然なことでした。その代償として、ノンレム睡眠が注目されることはあまりありませんでした。「レム睡眠じゃない睡眠」というネーミングからして、重要性が過小評価されていたのです。

ところが、レム睡眠だけでなくノンレム睡眠中にも、人間は夢を見ることがわかってきました。レム睡眠中に見るようなスリルあふれる悪夢、というほどリアリティは高くないようですが、ノンレム睡眠でも夢はしっかり見ることが明らかになったのです。そこで、ノンレム睡眠は脳の休息だけではなくて、記憶に関するなんらかの高次機能があるのではないかと考えられるようになりました。

では、ノンレム睡眠の中でも違いはあるのでしょうか。国際基準ではノンレム睡眠を四段階に分類します。第一段階、第二段階の浅い睡眠「軽睡眠」と、第三段階、第四段階の深い睡眠「深睡眠」とに大別されます。軽睡眠は、睡眠の中での覚醒度《かくせいど》が比較的高い状態です。あとで述べる「睡眠紡錘波《ぼうすいは》」という特徴的な脳波が見られます。深睡眠は、脳やからだの休息、クールダウン作用があります。脳波上では周波数の低い大きな波形がたくさん出現するので、「徐波《じょは》睡眠」という別名もあります。

二〇〇〇年代に入り、浅いノンレム睡眠も深いノンレム睡眠も、両方とも睡眠中の記憶の再合成に関与しているとする事実が明らかとなってきました。

ドイツ・リューベック大学のグループは、記憶実験を行いました。深睡眠を取ったグループと取らないグループとでは、深睡眠を取ったグループのほうが、記憶の再生率が高かったのです。からだで覚える運動記憶についても、深睡眠を充分取って、脳波の「徐波」が活発であるほど睡眠後の運動テストで好成績を収めたという結果を、アメリカ・ウィスコンシン大学のグループが「ネイチャー」に報告しました。

深睡眠だけが重要で、軽睡眠は重要性が低いのでしょうか。そういうわけではありません。軽睡眠のときに脳波上で観察される「睡眠紡錘波」という特殊な形の脳波が、記憶の再合成に重要な役割を果たしているという研究結果も少なくないのです。

この睡眠紡錘波は、脳波では名前の通り「糸巻き」のようなかたちをしています。ノンレム睡眠第二段階において、脳の前頭、頭頂葉の大脳皮質に活発に出現する波形です。この睡眠紡錘波をコントロールする司令塔は、脳の「視床」という部位であると考えられています。

徐波、睡眠紡錘波。まったく違う波形で、異なる睡眠状態を意味しています。これをひとくくりに「ノンレム睡眠」と表現するのは、少し乱暴な議論なのです。

ノンレム睡眠が損なわれれば、脳の休息が取れずイライラが増してくる、これは事実です。それだけでなく、短期記憶を長期記憶に変換していくプロセスが、ノンレム睡眠が不十分だと阻害される可能性が大きいのです。

記憶のない人生の悲惨さは、「コルサコフ症候群」を例に挙げて説明しました。コルサコフ症候群の例は極端かもしれませんが、ノンレム睡眠のダメージは記憶のダメージであり、「器」のダメージでもあるのです。

41 朝日を浴びて精神的余裕をつくる

セロトニンに抗うつ・抗不安作用があることは、シナプスと神経伝達物質のところで解説しました。うつ病の患者では、シナプス間のセロトニン濃度が下がってきます。抗うつ薬といわれる薬剤は、このシナプス間のセロトニンの働きを強める作用があります。

しかし、うつ病の治療に使われるのは薬剤だけではありません。光を使った「光療法」も、沈んだ気分を高めたり、意欲を上げたりする効果があります。病気の治療だけではなく、日常生活に光の知識を応用すると、能率がグッと違ってきます。

どうして光がセロトニン神経の活動度を上げるのでしょうか。実は眠りのホルモンであるメラトニンと神経伝達物質のセロトニンが、切っても切れない関係にあるのです。

朝の光は、夜のメラトニンの分泌を促し、セロトニンの働きも強めることがわかっています。メラトニンの合成には、セロトニンが一役買っているのです。

メラトニンは、脳の松果体《しょうかたい》という部分から体内に分泌されます。朝の光を浴びることによって、夜間の分泌が促されます。夜の寝る時間帯になるとジワジワと分泌量が増えてきて、夜中にピークを迎えます。

セロトニンは、明るい日中に機能が高まります。同時にセロトニンは、眠くなったときにメラトニンの分泌を促す作用もあるのです。メラトニンとセロトニンの共同作用によって、不安や緊張を緩和し、脳を睡眠モードに切り替えていくのです。

このように、メラトニンとセロトニンとは、密接な関係にあります。密接さを示す好例が、アゴメラチンという薬です。

アゴメラチンは、主にヨーロッパで使われている薬剤で、日本ではまだ認可されていません。アゴメラチンは、メラトニンの働きを強める作用がある薬です。こう聞くと、メラトニン系に働く睡眠薬のように思えますが、抗うつ薬として認可されています。メラトニンを介して、間接的にセロトニンを駆動する働きもあるのです。

眠りのホルモンのメラトニンと、気分や不安に関係するセロトニンは、不可分の関係なのです。そしてこの関係を解く鍵は、薬だけではありません。「朝の光」なのです。病気の治療だけに応用するのは、もったいない話です。

子どもだけでなく、大人にも充分あてはまります。朝は、太陽の光を一時間は浴びるようにしてください。朝になかなかそういう時間が取れない人は、室内でも窓際にいる時間を増やす、あるいは照明を明るめにするなど、光を浴びる工夫をしてみましょう。

太陽光には及びませんが、電気による人工的な照明も効果があります。雨や雪の日は、照明も明るめにしてみましょう。とくに冬に天候のよくない北日本に住んでいる人は、朝はなるべく明るくするように努めるべきです。

自宅での光療法には、スタンドタイプやゴーグルタイプのものなどが発売されています。睡眠覚醒リズム障害や冬期うつ病の治療に使うのですが、秋から冬にかけて気分がふさぐ、あるいはやる気が落ちてくるという人は、自宅での光療法にチャレンジする価値はあると思います。

朝の忙しいときに、二時間も光を浴び続けることは難しいと思います。明るい中で、新聞を読んだり、朝食をとったり、メールチェックをする、で構いません。暗い部屋で朝の準備を進めるよりは、効果的だと思います。

朝の光には、不安な気分を鎮め、気分を安定させ、睡眠を深くする効能もあるのです。精神的余裕をつくるには、朝の光コントロールも、基本的な習慣なのです。

42 電気やテレビ、パソコンを消して寝る

東日本大震災をきっかけに必要性が叫ばれるようになった節電は、日本の都市部の明るさが尋常ではなかったことを知るにはいい機会だったのかもしれません。ネオンやコンビニエンスストアの明るさを考えれば、都市部だけの問題ではないと思います。

朝の光が大切だと、口を酸《す》っぱくして説明してきました。光コントロールにおいて注意しなければいけないのは、光を浴びる時間帯です。朝に浴びることが重要です。夜に光を浴びたのでは、まったく正反対の効果をもたらします。なぜなら、メラトニンは減少し、セロトニンの機能も落としてしまうからです。

夜にネオンや蛍光灯がこれでもかとばかりに点灯していて、昼と間違えるくらいに明るいところにいる場面を想像してみてください。はたして夜、寝つきがよくなるでしょうか？　まったく逆で、目が冴《さ》えてきて眠れなくなります。寝つきが悪くなって、昼夜逆転の生活リズムになってきます。

日本や韓国、中国など東アジアの国における都市部の繁華街の夜は、ネオンや蛍光灯で欧米に比べても明るさは桁違《けたちが》いです。科学的な実証はありませんが、小児科医の神山潤先生が著書『「夜ふかし」の脳科学』（中公新書ラクレ）にて、以下のような仮説を立てています。「夜の異常な明るさが、とくに子どものセロトニン神経発育を阻害してしまい、『キレやすい』自己コントロールできない子どもを作り出しているのではないか」というものです。

この仮説には、信憑性《しんぴょうせい》が高いとわたしは思っています。近年目につく注意欠如・多動障害や自閉症スペクトラム障害といった病気、病気とまではいかなくても落ち着きのない子ども。夜ふかしによる脳障害ですべてを説明するのは難しいとしても、原因の一部分を占めている可能性はありうると思っています。

百ます計算で知られる陰山英男先生と神山先生が子どもの生活指導をする上で、「早寝、早起き、朝御飯」を提唱されている根拠には、このメラトニン、セロトニンの知識もあるのです。

夜更かし、夜の光のダメージは、子どもだけではありません。大人にとっても、生活リズムの乱れをきたすいちばんの原因です。とくに、夜にかけてインターネットにはまってしまって、明るい画面を見続けているのは、睡眠科学・精神医学の両面からも芳《かんば》しくないことなのです。

就寝時間から逆算して三時間ぐらい前からは、部屋の照明を落とすぐらいの取り組みがあってもいいくらいです。英語ではdim outといいます。夕食のときくらいから、照明をちょっとだけ落としていくような感覚でしょうか。部屋の照明も、蛍光灯よりは、白熱灯タイプのほうが落ち着いてよいのではないでしょうか。最近では、白熱灯タイプのLEDも品数が増えてきましたので、エコにも悪くありません。

ただ、夜にテレビやインターネットやスマートフォンといった情報源の画面からまったく遠ざかってしまうのも、かえって落ち着かなくなるという方も多いと思います。そういう方は、テレビやパソコンは夕食から一時間だけ、携帯電話やスマートフォンのチェックは就寝前に十分ほど、などタイムリミットを決めて習慣化してみましょう。

長時間テレビを見たりネットサーフィンをすると体内時計にどれくらいの影響が出るかは、難しい問題です。テレビの明るさも内容も千差万別でしょうから、科学的に定量化するのは不可能に近いのです。

睡眠に問題を感じるようであれば、朝の光だけでなく、夜の居住環境を「dim out」してみてください。少なくとも、コンビニのように蛍光灯を煌々《こうこう》とつけていては、睡眠にとっていいことはありません。まして子どもならば、脳のセロトニン神経に取りかえしのつかない障害を与えているかもしれないのです。子どもの「器」を大きくしたいならば、光の管理も忘れないでください。

43 自分に合った睡眠時間を見つけよう

　では、心身ともに健やかで、精神的余裕を保って人生を送るためには、毎日どのくらい眠るのが理想的なのでしょうか。

　七時間睡眠がもっとも健康で長命であることは、数多くの大規模研究が示しています。短眠や寝過ぎの人では、なんらかの疾患を持っている比率が上がり、寿命も短くなるというのは、医学的にも一般常識になっています。

　しかし、万人が研究結果通りにはいかないのが、臨床現場の不可思議さであり、面白さといえるでしょう。タバコを毎日一箱吸っていても、九十歳まで健康に暮らせる人も、現実にはいるのです。

　なんとか睡眠時間を削って、起きている間の活動に振り当てたい。そう考えるのは、人間の活動意欲を考えれば、自然なのかもしれません。一昔前は、四当《よんとう》五《ご》落《らく》、つまり、寝ている時間は無駄以外のなにものでもないという精神論が幅をきかせていたこともありました。

現代でも短眠法の書籍が売れています。効率的な睡眠を目指すことで睡眠時間を短縮し、その分起きている間の活動量を増やせないかという、合理的な欲求からだと思います。

わたしを含めて医者、研究者は、七時間睡眠を推奨《すいしょう》します。しかし、すべての人が七時間睡眠で、はたして幸福なのでしょうか。入社したばかりの新入社員が、「わたしは七時間睡眠主義者なので、帰ります」と公言しては、おそらく社内での彼の未来は暗いでしょう。

生まれたばかりの子どもは、睡眠リズムがバラバラなので、夜もたびたび起きては夜泣きをして、親は満足に眠れません。この状態で両親に「七時間寝ましょう」とすすめても、そらぞらしく響きます。

わたしがこういう問題を考えはじめたのは、留学中のことです。ハーバードやMITのビジネススクールに通っている人と知り合いましたが、彼らは毎日のようにハードな課題を与えられていました。一晩で英語の教科書二百ページを読破しなければならなかったりすることは珍しくなく、睡眠時間も三時間前後の人が多かったように思います。

彼らは、慢性的な睡眠剝奪《はくだつ》状態だったといっていいでしょう。仮に認知心理学の実験を彼らに行えば、寝不足でパフォーマンスが落ちていて、「やはり睡眠は大切だ」という結果になるかもしれません。

しかし、彼らのモチベーションは、実験の被験者とは雲泥《うんでい》の差です。一年ないし二年など、期限も限られています。心臓病など生命に関わる病気を持っていない限りは、短時間睡眠でも乗り切れてしまうのです。

人間の成長、発達の段階によって、睡眠の状態や睡眠に求めるものも変化していきます。若い頃は、眠れないという悩みはあまり聞かれません。むしろ、寝坊してしまい学校を遅刻するといった、起きられない悩みがほとんどです。

四十歳前後になると、眠れない、眠りが浅いという悩みが多くなってきます。年を取って高齢になるほど、睡眠時間は短くなり、睡眠の質も悪くなってきます。「睡眠力」も、年とともに衰えてくるのです。

人生のある時期には、睡眠時間を削ってでもやりたい、やらなければならないことがあるものです。そういう時期を迎えているような人には、わたしは七時間睡眠を押し売りしません。医学的に無理のない短眠のアドヴァイスをすることにしています。

人生には、ライフサイクルがあります。二十代と五十代では、抱える問題の質も量も違いますし、受け止める自己もまったく異なるのです。フロイトを師とする発達心理学者のエリク・H・エリクソンは、人生を八つの段階に分け、それぞれで解決すべき課題があるとした、有名なライフサイクル論を展開しました。睡眠についても、エリクソンの通りではないですが、あてはまるものがあるように思えるのです。「理想の睡眠時間にとらわれず、その時々のライフステージでバランスを取る」が、わたしの睡眠時間に対する考えです。

ぜひ上手に睡眠を取って、「器」を大きくしていただきたいと思うのです。

STEP 7

自分をコントロールして対人関係にも強くなる

44 人間関係の「車間距離」を保つ

診察の場面でよく出てくるセリフに、「距離を取りましょう」という言葉があります。距離の意味は、さまざまです。不安があるならば、不安の元をあまり考え過ぎないように距離を取りましょう、幻聴で困っているならば、幻聴から距離を取れるようにしましょう、などです。

もっとも多く話題になる距離とは、人間関係の距離です。苦手な人、ストレスフルな人からいかに距離を取るか、適切な距離とはどのくらいか、などが話し合われます。これがなかなか難しい場合が多いのです。

なんとなく虫の好かない同僚というのもいるでしょう。必要時以外はなるべく話をしないなどの工夫で、しのげます。しかし、パワハラ傾向のある上司との人間関係などは、にっちもさっちもいきません。距離を取りたくても、毎日会っていっしょに仕事をしなければならないので、まったくお手上げのように見えます。

それでも、高速道路の車間距離表示ではないですが、人間関係にも距離を取る必要があります。高速道路で充分な車間距離を取っていないと玉突き大事故になるなど危険性が大きいのは、人間関係でも同じです。

車間距離、人間関係でいうと「パーソナルスペース」というものが人にはあるといわれています。他人にどれぐらい近づかれても大丈夫か、その程度を指す用語です。

パーソナルスペースは、当然ですが、個人差や性差、文化差があります。しかし距離が近くなればなるほど、相手が限定されるという点では同じです。家族や恋人は、かなり近くまで来られても大丈夫でしょう。かといって、思春期の子どものように両親になるべく干渉されたくないというケースもあります。

パーソナルスペースを含む相手との距離は、自分に対する相手の感情と比例することが多いのです。距離は、親しい感情を持つほど接近します。重要なのは、相手との距離感を知ることです。それによって、コミュニケーションに工夫の余地が出てくるからです。

たとえば、話しかけたり近づいたりすると、表情が硬くなったり身構えたりする相手の場合。自分に対して緊張感を持つ相手には、それ以上近づかないほうがいいでしょう。工夫の仕方としては、メールなどの間接的な方法でコミュニケーションを取ることからはじめると、徐々に距離を縮めていけるかもしれません。

どうしても話したくない、顔も見たくない人との距離感が、難しいところです。わたしが診療現場でいうのは、まず絶対的な距離を空けてしまいなさいということです。なるべく話さない、近づかない、とにかく物理的に離れてしまうのです。ステップ5で説明した内容です。

職場でいっしょなので、アドバイス通りにしたくてもできないという人もいます。それでも、五分でもいいのでその人といっしょの時間を減らしましょう、十メートルでいいのでその人から離れましょう、といいます。

高速道路では、サービスエリアに入ってしまうのに似ています。いったん、徹底的に距離を取るのです。そして、距離を取って頭を冷やし、苦手な相手にあるプラスの部分も、考えてみるのです。

どうしてもソリが合わずに、未来永劫《えいごう》いっしょにいないほうがいい人間関係もあります。しかし、お互いの理解・コミュニケーション不足の場合もおうおうにあります。いったん感情エンジンを止めて、クールダウンし、相手に対する見方を変えるよう努めてみるのです。

初めは嫌いだった相手のことが、時間が経つにつれて好きになってくることがあるのは、人間関係ではよくあることです。結婚までしてしまうこともあるのですから、人間は面白い生き物です。

パーソナルスペースは、個人差があって、考え方と経験で変えることができるものだと思います。サッカーのゾーニングではないですが、人間関係の距離の取り方も、うまくなりたいものです。そしてそれは、「器」が大きくなってくれば難しいことではないと思います。

45 陽気に接して味方、同盟者をつくる

「クリーン三木」として知られた三木武夫元首相は、代表的なバルカン政治家ともいわれています。バルカン政治家のバルカンとは、旧ユーゴスラビア区域を中心としたバルカン半島を意味します。

バルカン半島は、スラブ人、ギリシャ人、アルバニア人、イスラム系など、非常に多くの民族がモザイク状に割拠《かつきょ》しており、「ヨーロッパの火薬庫」とたとえられた地域でもあります。バルカン半島のように複雑な勢力関係にある地域で生き残っていく政治家には、その時々の状況変化に応じ、敵味方を目まぐるしく変えていく能力が求められます。そのようなサバイバル能力のある政治家をバルカン政治家と呼んだのです。

バルカン政治家には、資質と才能が必要です。出処進退《しゅっしょしんたい》を誤れば、勢力を失い即失脚につながります。歴史上でバルカン政治家としてうまく世渡りできたのは、戦国時代でいうと足利・織田・豊臣・徳川の時代にわたって勢力を維持した細川幽斎《ほそかわゆうさい》、それにフ

ランス革命の激動の時代にあって老獪《ろうかい》に要職を歴任したジョセフ・フーシェぐらいでしょうか。

わたしたちもバルカン政治家のように、つねに勝ち組について、うまく世渡りができればいいのですが、なかなかそういうわけにもいきません。会社の中には、派閥《はばつ》がつきものです。派閥間抗争の勝者に属していれば幸運ですが、敗者で冷や飯を食わされることも充分ありえます。医者の世界でも、山崎豊子氏の『白い巨塔』のような権力闘争は、わたしが見る限りまだまだ健在です。

一筋縄ではいかない遊泳術ですが、基本的な事柄を守っていけば、孤立して窮地に立たされるリスクは小さくできます。それは、自分の味方、同盟者を作っていくことです。味方までいかなければ、消極的中立者を作っていくことでしょう。

そのためには、どういうマインドが必要でしょうか。それは、見返りや報酬を考えないで、与え続けることだと思います。「Give & Take」ではなく、「Give & Give」の心構えがあれば、自分の味方は増えていくはずです。Giveは二回では足りないくらいで、無限にくり返してもいいほどです。

物や金品を与え続けるわけではありません。知識や情報を、ケチケチせず共有していけばいいのです。フリーで分かち与える大らかさは、味方を増やしていくに違いありません。味方は、いつかあなたに恩恵を与えてくれるかもしれません。

診察場面でも、人間関係の悩みを抱えている人からは、「先生、職場のイヤな人とはどうつきあえばいいんですか?」と、必ず助言を求められます。前の項目で触れた「距離感」についても話しますが、組織の中に自分の味方や、少なくとも協力者、同盟者を作るようにアドバイスします。

夜に居酒屋でグチを聞いてくれるだけでも、立派な味方であり、同盟者です。そういう人には、感謝の意をオーバーに示すぐらいの芝居は打っていいかもしれません。感謝はいくらしても、しすぎることはないものです。

できるだけ笑顔で、ネガティヴなことをいわないのも、味方を多くするポイントです。人間は孤独では、いくら意志の力が強くても、苦境に勝てないこともあるのです。

三木武夫元首相は、バルカン政治家ゆえに権力は長く維持できませんでした。皮肉なことに、勢力を長く維持できたのは、卓越した人心掌握術によって自派勢力を増やして「数は力だ」と主張した、ライバルの田中角栄元首相でした。

田中元首相には、金銭問題がつきまといました。一般人のわたしたちは、もっと地道なレベルで、心の通った味方を作りたいものです。それには、出し惜しみしない親切が鍵なのではないでしょうか。

46 まわりの「器の小さい人」から被害を受けないために

組織の中で問題となる人物。最近多い「困った人々」からの被害を最小限にして、自分だけでなく組織をもり立てていくには、どういう方法がいいのでしょうか。

ほとんどの仕事は、チームで動いていると思います。まったく個人ひとりで仕事をやりくりしていくことは、不可能といっていいでしょう。チームワークでは、目的意識を共有できていることが大前提です。ゴールを達成するための過程、期間、コストなどについて、コミュニケーションを充分取ることが求められるのはいうまでもありません。

チームワークがいつもうまく進むとは限りません。コミュニケーションがなかなかうまくいかない場合があります。チームの中に、不協和音が生じている場合です。ゴールが不明確だったり、目的達成までのプロセスに問題があったりする場合は、チーム内で議論を深めるべきでしょう。

ただ、チームの生産性を落とす人物がいる場合は、別の対処法を考えなければいけません。短絡的で感情的な判断を下す人もいるかもしれません。他人の考えていることに配慮できずにチームの雰囲気を乱し、明らかに協調性を欠いている人も、見かけることが多くなりました。無断欠勤、無断遅刻といった社会人では考えられないようなトラブルも、最近では案外多いのです。

感情コントロールができない人、他人の気持ちがわからない人、仕事のときだけうつになる人。産業医としてメンタルヘルスに携わっている精神科医、あるいは産業メンタルヘルスに詳しい臨床心理士に尋ねると、職場で問題化する人は、だいたいこの三タイプのどれかに当てはまるようです。

正確な診断名ではないですが、精神医学的な用語を入れてみると、感情コントロールのできない人は、衝動性、爆発性の強いパーソナリティと評価できます。他人の気持ちがわからない人は、発達障害の疑いがあるかもしれません。無断欠勤をしてしまうが、休みの日は元気で遊んでいる場合は、新型うつ病という俗称があります。

それぞれのタイプにより、人間関係の対処法も異なります。しかし、チームワークを円滑にし、なるべくチームを含めて自分が被害を受けないための共通原則があります。それは、そういった人たちのプライド、自尊心を傷つけないことです。

彼らを甘やかしたり、欠点を受容、容認したりするわけではありません。彼らの共通の傾向としては、人格形成や精神的な発達の過程でつまずいていたり、葛藤《かっとう》や挫折の経験が少なく、精神的に未熟であったりすることが少なくないのです。

具体的には、以下の三つの原則をチーム内で共有するのが、被害を最小限にするシステム作りだと思います。

①人前であからさまに叱らない、②「ちょっとやっておいて」のように仕事を丸投げしない、③ほめて、注意して、ほめる、です。

わたしは精神科医として患者さんの上司など管理職と面談する機会も多いのですが、患者さんのプライドを傷つけないように注意するよう、助言をしています。人前で恥《はじ》をかかせないのは、人間としては当然の配慮です。思慮もなく無謀《むぼう》に仕事を委譲《いじょう》するのは、相手が困るだけで無駄な混乱を与えてしまいます。ほめてばかりでは、バカにされたような受け止め方をする場合もあります。最初にほめて、注意点を指摘します。最後に、またほめてやる気を維持させるのです。

対応に苦慮している場合、チームのメンバーやリーダーが彼らに振り回されているうちに疲弊《ひへい》し、うんざりした気分になっていることも少なくないでしょう。しかし、彼らはこのようなネガティヴな感情に、敏感に反応する特徴を持っています。

こういったチームのシステム構築のためには、まず自分自身の感情と行動の不一致に注意すべきです。そのためには、定期的に、なにもせずに考える時間を持つことも必要でしょう。目先のトラブルばかりで頭がいっぱいになってしまうと、全体像が見えません。なにもしない、自分だけの時間を確保して、将来を考えるのも、器を小さくしないための習慣です。

47 相手の器も大きくしてあげる

味方を作りましょうといいましたが、自己利益のためだけに味方を作るのは、器量の小さい話です。自分だけでなく、相手も勝たせて相手の器も大きくしてあげるのが、器の大きい人のやることです。

アスリートのインタビューでも、ライバルの存在を感謝する発言がよく聞かれます。有名どころでは、長嶋―王―野村、桑田―清原、現在ではダルビッシュ―田中、といったところでしょうか。

相手の器を大きくするには、「Give & Give」も大切ですが、お互いに競い合う、切《せっ》磋《さ》琢《たく》磨《ま》も必要です。「負けたくない」という競争心は、向上のためには必要なエネルギーです。

しかし、競争には厳しい結果もありえます。相手のほうが自分を上回ってしまうことがあるかもしれません。とくに自分と同格だった、あるいは自分より格下だった人が、自分を追い抜いていくことも、人生では経験することです。

「ああ、あのとき面倒見ていなければ、オレのほうが有利だった」「あの情報を教えてやらなければ、あいつはこんないい目を見ることはなかったのに」と、ケチくさいことを考えてはいけません。他人の成功は素直に喜びたいものです。

自分はもちろんですが、他人も勝たせてあげましょう。Win-Winとは、ビジネスだけにとどめておく概念ではありません。日常生活に通じることです。

他人の幸福や不幸に対し、同じような気持ちを抱くことが「共感」です。共感は、人間として社会生活を営む上では、たいへん重要な高次機能です。逆に、「他人の不幸は蜜《みつ》の味」のように、勝者が敗者の悔しい表情を見て喜ぶ感情は「反共感」といいます。「反共感」は、器の小さい人が持つ感情といわざるをえません。

放射線医学総合研究所の研究グループが、「敗者」の悔しい表情を見たときの「勝者」の脳の反応を、脳波を使って調べました。その結果、脳の前頭葉の前部帯状回《たいじょうかい》という部位において通常より強い電気信号が観察されました。さらに興味深かったのは、自己愛、すなわちナルシシズムの強い人ほど、前頭葉の電気信号の反応が大きかったのです。脳神経細胞に基づいた「反共感」のメカニズムが、ナルシストにはしっかりと存在しているのです。

どうしても、現代人は「自分好き」になりがちです。しかし、「自分だけよければいい」という考えをなるべく捨てて、自分も相手も勝たせるという意識を持つことです。まわりの人間の器量が大きくなってくれれば、それに連鎖して自分の器も大きくなるという、相乗効果も得られます。企業や組織でもそうでしょうが、人間的に豊かな人材というのは、バラバラではなく一つの組織に集まる傾向があるのです。優秀なスタッフのいる大学や病院には、優秀な人材が集まります。人望のない人物が幅をきかす組織には、いくらお金や権力があっても、人材が集まることはないでしょう。

自分だけ器が大きい人物になろうというナルシシズムは、どこかに捨ててしまいましょう。相手を育てて大きくする喜びを経験していけば、自分の器も自然に大きくなっていくに違いありません。

48 八割は淡々と、二割は情熱的に

「先生はいつも淡々としてますねぇ」と、言われることがあります。職業柄でしょうが、感情的になっては、的確な判断はできませんし、相手を刺激してしまいます。どの職業にも共通することでしょうが、八割程度は淡々と過ごし、残り二割で少し情熱を入れるぐらいのコミュニケーションが、距離感を保ち疲れないコツだと思います。

精神科医でなくても、仕事で冷静さを保ち、感情的にならないようにすることは、社会人の常識的なスキルでしょう。しかし、これを教えてくれる人は、なかなかいません。オン・ザ・ジョブ・トレーニングで、先輩や上司の仕事の姿を見て学ぶしかないのが、実情です。

わたしも、とくに研修医の頃は冷静さを欠いて、周囲への配慮を欠いた言動をしていたこともあったと反省しています。情熱的になり過ぎて、患者を逆に刺激してしまい、結果的に治療を後退させてしまったこともありました。不用意な一言で、状態を悪くさせたことは、自分の気がつかないところを含めると、かなりあったと反省しています。

経験を積んできたことで会得《えとく》したことがあります。それは、相手の話を聞くときは「顔を見て話し、反論せず受容し、淡々とにこやかに接する」ということです。

病院の苦情でいちばんよくあるのは、医者が患者の顔を見ずに電子カルテの画面ばかり見て話すことです。電子カルテの入力でキーボードをたたく音が中心になってしまい、言葉のやりとりが軽くなってしまいます。ずっと顔を見るわけにはいきませんが、やはりコミュニケーションでは「相手の顔を見て話す」のは、基本中の基本です。

最初は相手の話を傾聴し、受容できる部分を受容することが、コミュニケーションのスタートを成功させます。最初から説教や自説を主張してしまっては、拒絶感を与えてしまいます。とくに初対面での拒絶感は、あとで挽回《ばんかい》がきかないくらい今後の関係において不利になります。

あとは、淡々と接するということが挙げられます。無表情で「はい、そうですか」ではなく、多少のスマイルで相手の言い分を受け入れながら、しかし没入し過ぎないことです。相手が興奮していたり、悲嘆で号泣したりしたとしても、自分が連鎖反応を起こしてはよくありません。相手の言い分を傾聴し、受容することです。

しかし、受容してばかりではうまく立ちゆかない状況も出てきます。ビジネスでは、お互いの利益のぶつかり合いの場面も当然あるでしょう。長年のつきあいになると、お互いに甘えやマンネリ感が出てきてしまうこともままあります。

絶えず淡々とではなく、ときには情熱的に話すことも大切です。クールさの中にも情熱を持って語る人が、身のまわりにいないでしょうか。淡々と話すばかりでは、充分ではないのです。

わたしの知り合いの精神科医が、「一喝《いっかつ》療法」というものがあると教えてくれたことがあります。基本的には、相手の話を傾聴し支持的に接することで、信頼感を得ていきます。しかし、患者の理不尽《りふじん》な訴え、たとえば「毎日診察してほしい」「禁止されている薬を出してほしい」に対しては、「そんなことはダメだ！」と感情を出して一喝するのです。

正式な治療法ではなく、治療の信頼関係が充分に築けていないと、できる業《わざ》ではありません。いつもは受け入れてくれていた先生が急に怒るのですから、びっくりします。しかしこれで、関係が逆に強まることが多いというのです。

「ツンデレ」にあたるのでしょうが、わたしもそういう節があるかもしれません。情熱は許せますが、いつも感情的で怒ったり悲しんだりしていては、安定した人間関係はなかなか構築できません。とりわけビジネスの場面では、淡々と接するように努めるのも、一種のコツだと思います。そうでなくても、昼休みや休憩時間では、自然な感情で話しているでしょうから。あくまでビジネスでの場面ですが、「淡々と、ときにパッション」というのは、感情コントロールの上で使えるこころがけだと思います。

49 自己回復力「レジリアンス」で、困った自分にさようなら

東日本大震災が起きて以来、「レジリアンス」という言葉を耳にする機会が増えてきました。これからのわたしたちが持つべき人生哲学を表現している用語かもしれません。「レジリアンス」は、病気など困難な状況に耐え回復する力、あるいは自己回復力、復元力とも解釈されます。

精神医学でも、このレジリアンスの概念が広まってきています。従来、精神障害の治療や研究は、病人の弱点や欠点、欠陥といったマイナスの側面ばかりに力点が置かれていました。統合失調症は、外的刺激に脆弱《ぜいじゃく》な神経基盤があるのではないか。うつ病のセロトニン機能低下は、ストレス耐性の低さに関連性があるのではないか。特定の遺伝子の存在が、病気の発症に関わっているのではないか。

研究では、このような仮説は重要です。

しかし、ともすれば後ろ向きな思考法になってしまいます。「あなたはストレスに弱

いので、注意しましょう」という、欠点を指摘するような助言では、慎重さと臆病《おくびょう》さしか身につきません。

まったく正反対の思考の座にあるのが、レジリアンス・モデルです。病気が発症する出来事や誘因、環境を跳ね返し、克服する復元力。脆弱性よりも回復力を重視・尊重し、発病の予防や社会復帰、リハビリテーションに結びつける視点が、レジリアンス・モデルです。

欠点ばかりを指摘していては、人間誰しもイヤになります。失敗や挫折を経験したときには、落ち込むのは当然です。レジリアンスの概念は、実は子どもの成長過程の研究が嚆矢《こうし》となっています。

アメリカの発達心理学者であるエミー・E・ウェルナーは、ハワイ諸島の一つの島において、周産期になんらかの問題を抱えた子どもの調査を行いました。身体面、知的面での発育に注意しながら、成人になるまで追跡調査を行いました。周産期のトラブルは、成長面においては危険因子、旧モデルでいえば「脆弱性」があると思われます。

調査対象の六百九十八人中で二百一人は、明らかな危険因子を持ち、脆弱性があると判断されました。しかし残りの約三分の一の子どもは、心身ともにたいへん健康な成人に成長したのです。周産期の問題が、必ずしも病的な成長に及ぶわけではないという結果です。

レジリアンス・モデルは、さまざまな環境の下でも問題を克服できる人間の「可塑《かそ》性《せい》」に注意を向けている点では、ジークムント・フロイトやカール・マルクスといった精神分析理論よりも、チャールズ・ダーウィンの進化論に通じるところがあるとは、自治医科大学精神医学教室名誉教授の加藤敏先生の解釈です。

東日本大震災という未曾有《みぞう》の災禍《さいか》に、日本は見舞われました。被災地の苦難はもちろんですが、被災地以外でも不安、気持ちの沈みは広く観察された現象です。精神的に不安定になった人が少なくないことは、臨床の現場にいたため肌で感じた事実です。

しかし人間は、逆境を「跳ね返す」復元力を持っているのです。日本人のレジリアンスを指摘したのは、日本人ではなくアメリカ人でした。津波で家を完全に流された女性が資源リサイクル運動をする姿や、生徒の多くが行方不明だという先生が「取材してくれてありがとう」と言う姿を、アメリカのベテラン記者が避難所で目にしました。この光景を、「レジリアンスと尊厳を感じる」とリポートしたのです。

ポジティブ・シンキングの一種と拡大解釈されているという批判もあるレジリアンスですが、ポジティブ・シンキングとは明らかに異なります。不自然な前向き思考ではなく、本来の、ア・プリオリ（先天的）に近い素質だと思うのです。困難を跳ね返す力

「レジリアンス」を信じて、日々を真摯《しんし》に生きていく態度。人間的成長には、こうした真摯に人生に取り組む基本的な態度が、いちばん大切なのかもしれません。

50 イヤなことは寝て忘れてしまう

器の大きい人は、スパッと気持ちの切り替えができる人です。ミスや不愉快なことを引きずらず、次の計画や行動に苦い経験を活かしていくのが、達人たちの心構えだといえます。

しかし、気持ちの切り替えが下手で、いつまでたってもクヨクヨと考え込んでしまう、こういう人も少なくないはずです。

「イヤなことは寝て忘れる」ことは可能なのでしょうか。厳密には正しくないのですが、部分的には間違ってはいません。日常よくある程度の「イヤなこと」ならば、これは正しい事実です。

脳科学の研究が示しているのは、よく眠れている人は、喜びや希望など前向きな感情に親和性があるということです。逆に充分に眠れていない人は、怒りや不安などマイナスの感情を持ちやすいというのです。

アメリカ・カリフォルニア大学バークレー校のグループがまとめた研究によると、こういった感情の処理には、適度なレム睡眠が関係しているようです。彼らは、被験者に仮眠を取らせて、睡眠の前後で人の表情をどう捉《とら》えるか評価する実験を行いました。

仮眠する時間を、いろいろ変えてみました。その結果、仮眠の中にレム睡眠が含まれていた人のほうが、レム睡眠がなかった、あるいはまったく仮眠をしなかった人よりも、幸福や余裕などポジティヴな感情要素を人の表情の中に感じていたのです。

反対に、レム睡眠に達しなかった、あるいは昼寝をしなかった参加者は、怒りやイライラ、不安などネガティヴな表情により敏感になっていました。

睡眠、それもレム睡眠を含んだ睡眠が足りないと、怒り、不安、恐怖といったネガティヴな感情に過敏になってしまいます。

踏み込んだ解釈をすると、レム睡眠を適度に取ると、幸福、喜びなどを志向する前向きな考えになる、ということもできます。

充分に睡眠を取ることで、記憶が完全に消え去ってしまうわけではもちろんありません。

しかし、人間には不愉快な記憶は消化されて、そのうち気にならなくなっていく、自発的には思い出すことがなくなっていく、そのような合目的な脳のメカニズムがあるのです。その記憶が処理されるプロセスに、睡眠はとても重要な役割を果たしていると考えられています。

寝て忘れられる、正確には「寝て気にならなくなる、別のことを考えられる」というのは、健康な脳の機能でもあるのです。人間の記憶には自然な「治癒《ちゆ》能力」があるのです。

大震災や戦争、犯罪などに巻き込まれて発症する外傷後ストレス障害（ＰＴＳＤ）などでは、衝撃的な出来事の記憶が忘れられずに、悪夢として夢にまで毎夜出てくるようになります。ＰＴＳＤの初期には、強い不安やおぞましい悪夢などで、自殺にまで及んでしまう強い症状が見られることがあります。しかし、十年、二十年と長い時間をかけていくと、忘れることはできなくても、安定を取り戻すことができるという研究結果が、主流なのです。

気にならなくなる、忘れるというのも、高度で重要な脳の機能です。

充分な睡眠を脳に与えてあげて、イヤな記憶を処理しようとしている脳を助けてあげましょう。

有名な心理学者も言っていますが、すべてを記憶できる人は、逆に不幸です。人生には、覚えたくない、覚える必要の低いものも、たくさんあります。そんなもののために、こころを煩《わずら》わしてしまうのは、もったいないと思うのです。
「寝て忘れる」、器の大きい言葉だとわたしは思います。

文庫版のためのあとがき

この本は、二〇一一年八月に刊行された『「器が小さい人」にならないための50の行動』を文庫化したものです。出版からわずか四年で、世間もかなり変わったところがあります。

政治経済においては、アベノミクスによる経済変化で、少しばかり閉塞感が薄れてきた感触は持てるようになりました。ただまだ歴史的評価を下すのは早いでしょうし、過酷な労働条件を課する「ブラック企業」の存在も話題となりました。都会、地方を問わず、少子高齢化が徐々に深刻化してきており、青年労働力不足の問題がじわじわと頭をもたげています。

わたしたちの生活では、携帯電話はほぼ姿を消しつつあり、スマートフォンを持っているのが当たり前の時代になりました。電車の中を見渡しても、新聞や雑誌を読んでいる人はあまり見かけなくなり、みなスマートフォンの画面を凝視している姿が目立ちます。

この四年ばかりで、時代も確実に変化しました。時代の流れや情報スピード自体も速まったでしょうが、わたしたちが情報にアクセスする手軽さ、スピードも格段に上がったのは間違いありません。

しかし、人間の情報処理能力が急にアップしたという話は、聞いたことがありません。外部からの情報や刺激が次々に流れ込んできて、わたしたちの容量を超えてしまう場合が、ますます増えてきているのではないでしょうか。

従来から言われている、人間の「器」というものの、危機なのかもしれません。油断していると、知らないうちに自分の「器」が小さくなっている、そういう時代に、わたしたちは生きているのだと思います。

わたしの属する医療業界も、技術の進歩ももちろんですが、患者さんからの要求水準が上がってきています。二十四時間三百六十五日、同じレベルの医療が提供されて当たり前という考え方の人もいます。マンパワーを考えれば難しい要求なのですが、利用する側はそうは思っていません。当然、夜間や休日の当直帯は、トラブルが増えてきているような印象を持っています。

医療業界に限った話ではないでしょう。休日でも、仕事の用事が容赦なく襲ってくるのは、モバイル機器が発展したことによる負の効果です。平日も休日も仕事や情報に追い立てられ、日々イライラしている、ちょっとしたことで声を荒げてしまうというのが、現代人によくある姿です。

人間の怒りやイライラをまったくなくしてしまうことは、よほどの聖人君子でもなければ、できない相談でしょう。喜怒哀楽は、人間に必ずつきまとう感情です。しかし現代社会では、怒りやイライラに振り回されてしまう人が、確実に増えているのです。怒りが自分の「器」からあふれてしまい、自他共に不幸になってしまっている場合が、少なくありません。外から注がれるストレスの量も勢いも強いこのご時世、自分の「器」をなんとか保つ努力を続けることは、時代の趨勢なのではないでしょうか。

イライラや怒りは、人間の「脳」が生み出す感情現象です。人間の「器」は、唯物的な見方をすれば「脳のキャパシティ」と捉えることも可能です。「器」=「脳」という考え方も、極端すぎるわけでもありません。

脳も、人間の臓器の一部です。したがって、健康状態に状態は大きく左右されます。こころの健康とはよく言われますが、脳の健康を保つことが、「器」を大きくする、実践的な方法であることは疑いないことでしょう。この本には自己啓発的要素ばかりでなく、医学的エッセンスも織り交ぜていることを、付け加えておきたいと思います。

文庫化ということで改めて見直してみましたが、書いた本人が「最近疎かになっているな」

と反省する行動もあり、時代とともに重要性を増している要素が詰まっています。たとえ行動は伴わなくても、科学的知識が少しでも身につけば、「この行動は良くないな」など、自制が働くようになります。今は自制が効かなくても、そのうち、夜中のラーメンにも手を出さず帰宅できるようになれば、健康度は少しだけアップするようなものです。

文庫化にあたっては、発達障害の概念などが改訂されたことなどを含めて、本文も修正を行いました。ただ、引用した文献に関しては、微修正に留めました。科学は日進月歩ですが、本当に科学的価値のある論文は、毎月毎年の頻度では発表されないからです。

最後に、編集にご尽力くださった草思社の吉田充子さんに感謝の念を表してあとがきを締めくくりたいと思います。

西多昌規

二〇一五年五月

＊本書は、二〇一一年に当社より刊行した『「器が小さい人」にならないための50の行動』を改題し、文庫化したものです。

草思社文庫

「器が小さい人」をやめる50の行動

2015年8月10日　第1刷発行

著　者　西多昌規

発行者　藤田　博

発行所　株式会社 草思社

〒160-0022　東京都新宿区新宿5-3-15

電話　03(4580)7680(編集)

03(4580)7676(営業)

http://www.soshisha.com/

本文組版　朝日メディアインターナショナル株式会社

印刷所　中央精版印刷株式会社

製本所　株式会社坂田製本

本体表紙デザイン　間村俊一

ISBN978-4-7942-2148-3　Printed in Japan